Andreas Ehrmantraut

Selbst Parkett, Holz- und Laminatböden verlegen

Compact Verlag

Alle Anleitungen wurden
sorgfältig erprobt – eine
Haftung kann dennoch
nicht übernommen werden.
Chefredaktion: Andrea Nölle
Redaktion: Katharina Happ
Redaktionsassistenz: Patrizia Gargiulo
Produktionsleitung: Uwe Eckhard
Produktion: Gunther Jaich
Umschlaggestaltung: Ingeborg Blaschitz
Umschlagfotos: Hamberger Industriewerke GmbH (gr. Foto), RÆ Redaktionsbüro (kl. Foto)
Druck: Color-Offset GmbH, München
ISBN: 3-8174-2288-1
2222881

Besuchen Sie uns im Internet: www.compactverlag.de

Ein Wort zuvor

Selbermachen – ein Hobby, das heute für Millionen zur sinnvollen Freizeitbeschäftigung geworden ist. Ob es sich nun um die gemietete Altbauwohnung oder um die eigenen vier Wände handelt, mit etwas Geschick und einer fachmännischen Anleitung lassen sich oft verblüffende Ergebnisse erzielen: bei kleineren Reparaturen, beim Renovieren und Verschönern und beim Um- und Ausbauen.
Und Selbermachen bringt Spaß. Freude an der eigenen Arbeit, deren Ergebnis man Tag für Tag sehen und »bewundern« kann; es spart Geld, mit dem sich langgehegte Wünsche erfüllen lassen, und es macht unabhängig von Handwerkern, auf die man womöglich wochenlang und schließlich vergeblich gewartet hat.
Fachgeschäfte, Heimwerker- und Baumärkte versorgen den Hobby-Handwerker mit allen Werkzeugen und Materialien, die er braucht. Doch richtiges Werkzeug und Begeisterung allein reichen nicht aus. Unerlässlich sind eine gründliche Vorbereitung und Fachkenntnisse, wie eine Arbeit durchzuführen und was dabei zu beachten ist.
COMPACT PRAXIS **Selbst Parkett, Holz- und Laminatböden verlegen** zeigt, wie man's macht. Mit wertvollen Tipps und Tricks, die sich in der Praxis tausendfach bewährt haben. Jeder Arbeitsgang wird ausführlich Schritt für Schritt gezeigt und in Bild und Text erläutert. Übersichtliche Symbole zeigen auf einen Blick, mit welchem Schwierigkeitsgrad, welchem Kraft- und Zeitaufwand Sie bei jedem Arbeitsgang rechnen müssen, welche Werkzeuge Sie brauchen und wie viel Geld Sie durch Ihre eigene Arbeit einsparen können.

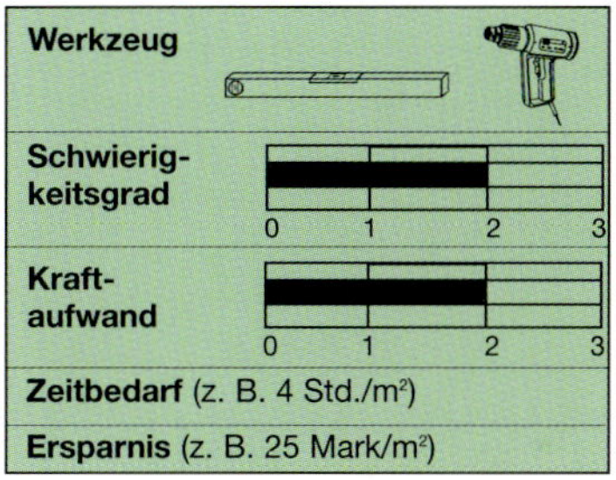

Und so stufen Sie sich richtig ein:

Schwierigkeitsgrad 1 – Arbeiten, die auch der Ungeübte ausführen kann. Es ist nur geringes handwerkliches Geschick erforderlich.

Schwierigkeitsgrad 2 – Arbeiten, die einige Übung im Umgang mit Werkzeug und Material erfordern. Es ist handwerklich durchschnittliches Geschick notwendig.

Schwierigkeitsgrad 3 – Arbeiten, die fachmännische Übung erfordern. Überdurchschnittliches Geschick ist erforderlich.

Kraftaufwand 1 – Leichte Arbeit, die jeder bequem erledigen kann.

Kraftaufwand 2 – Arbeiten, die eine gewisse körperliche Kraft voraussetzen.

Kraftaufwand 3 – Arbeiten für kräftige Heimwerker, die keine »Knochenarbeit« scheuen.

Auf einen Blick

Fachkunde

Materialkunde

Werkzeugkunde

Grundkurse

Arbeitsanleitungen

Holzböden: Wohngesund und langlebig

Es gibt eine Reihe guter Gründe, sich für einen Bodenbelag aus Holz zu entscheiden. Holzböden sind ökologisch und gesundheitlich unbedenklich. Sie erfüllen nahezu perfekt alle Anforderungen an einen hochwertigen Bodenbelag für Wohnbereiche. Holzböden sind fußwarm, trittelastisch und dank ihrer versiegelten Oberfläche auch hygienisch und pflegeleicht. Darüber hinaus sind sie sehr langlebig und damit trotz der etwas höheren Anschaffungskosten auch wirtschaftlich. Ein gut gepflegter Parkett- oder Dielenboden hält ein gesamtes Hausleben lang. Außerdem bieten Holzböden eine Vielzahl gestalterischer Möglichkeiten. Ihre lebendige Oberfläche sorgt dabei stets für eine warme und wohnliche Atmosphäre.

Klassische Holzböden

Zu den klassischen Holzböden zählen die **Massivholzdielen**, die in der Regel auf Lagerhölzer geschraubt oder genagelt werden.
Sie waren über Jahrzehnte der Standardbodenbelag überhaupt. Erst mit dem Aufkommen der Stahlbetondecken mit schwimmendem Estrich verloren sie etwas an Bedeutung. Der ebene Untergrund ermöglichte die Direktverlegung von preiswerteren Bodenbelägen wie beispielsweise PVC und Teppichboden.
Der zweite klassische Holzbodenbelag ist das **Parkett**, das aus vielen einzelnen Stäben oder Tafeln zusammengesetzt ist und vollflächig auf einen ebenen Untergrund aufgeklebt wird. Aufgrund der wesentlich aufwendigeren Herstellung und Verlegung der Parkettelemente ist dieser Bodenbelag vor allem in repräsentativen Wohnbereichen zu finden.
Beide Holzbodenbeläge müssen nach dem Verlegen geschliffen und mit speziellen Anstrichmitteln versiegelt werden. Für diese anspruchsvollen Arbeiten sind Erfahrung und einiges handwerkliches Geschick erforderlich.

Fertigparkett

Fertigparkett dagegen muss weder geschliffen noch versiegelt werden. Die exakte Maßhaltigkeit der einzelnen Nut-und-Feder-Elemente gewährleistet hier eine so ebene Oberfläche, dass die Versiegelung bereits ab Werk aufgebracht werden kann. Kein Wunder, dass der Holzbodenmarkt mit dem Aufkommen des Fertigparketts einen regelrechten Boom erlebte. Zudem wurde durch das neue Herstellungsverfahren ein weiteres Grundproblem bei der Verwendung von Holzböden weitgehend beseitigt: Der »Bewegungsdrang« des natürlichen Werkstoffs.
Zwar werden **Fertigparkettstäbe** oder -dielen auch in traditioneller massiver Ausführung angeboten, weit häufiger aber als mehrschichtig aufgebaute Elemente, bei denen nur die mindestens 2 mm dicke Deckschicht aus einem hochwertigen Parkettholz besteht. Der Schichtenaufbau vermindert die natürliche Neigung des Holzes zum Verziehen, Schüsseln oder Schwinden erheblich. Aus diesem Grund kann Fertigparkett meist auch schwimmend verlegt werden, das heißt ohne feste Verbindung zum Untergrund oder angrenzenden Bauteilen. Diese Vereinfachung der Verlegearbeit macht diesen Bodenbelag vor allem für Heimwerker interessant.
Heute gibt es eine Reihe weiterer Bodenbeläge, die in Aufbau und Verarbeitung dem Fertigparkett gleichen und nur eine andere Deckschicht besitzen. Dazu zählen das **Korkparkett** und der **Laminatboden**, bei dem anstelle der Echtholzauflage ein mittels Kunstharzen aufkaschiertes Dekorpapier die Deckschicht bildet.

Bauliche Voraussetzungen

1

2

1 Fertig versiegelte Dielenbretter werden wie klassische Dielen auf Lagerhölzer oder Holzwerkstoffplatten geschraubt oder genagelt.

2 Bei Fertigparkett müssen in der Regel nur die einzelnen Fertigparkettelemente in den Nut-Feder-Verbindungen verleimt werden. Beide Verlegearten sind von einem etwas geübten Heimwerker problemlos zu bewältigen.

Für welchen Bodenbelag und welche Verlegetechnik Sie sich letztlich entscheiden, hängt natürlich zunächst einmal von gestalterischen Aspekten ab. Allerdings gibt es bauliche Voraussetzungen, die für eine bestimmte Belagsart bzw. Verlegetechnik sprechen können.

3 Die Verlegung von Massivholzdielen ist bei der Renovierung von Altbauten und beim Dachausbau mitunter das einfachste Verfahren. Der Ausgleich der häufig nicht sehr ebenen Untergründe kann relativ einfach und preiswert durch das **Nivellieren mittels Lagerhölzern** erfolgen. Einen Standardaufbau für Dielenböden auf Holzbalkendecken zeigt diese Grafik. Die flächige Zwischenlage aus Holzwerkstoffplatten erleichtert die Schallentkopplung des Oberbodenaufbaus. Bei der Verlegung auf Lagerhölzern ergibt sich natürlich ein relativ hoher Gesamtaufbau: Bei niedrigen Räumen – etwa beim Dachausbau – oder bei großen Höhenunterschieden zu angrenzenden Bodenbelägen ist ein Fertigparkett- oder Laminatboden die bessere Wahl.

4 Auch beim Neubau kann die rechtzeitige Entscheidung für einen Dielenboden erhebliche Zeit- und Kostenvorteile bringen. Denn Dielenböden benötigen keinen Estrich. Sie können direkt auf der Rohbetondecke verlegt werden. Neben der Kostenreduzierung entfällt so auch die relativ lange Trocknungszeit – etwa 28 Tage – des Estrichs.

Fertigparkett, Laminat & Co. bieten bei Modernisierung und Renovierung zum einen den bereits erwähnten Vorteil einer geringen Aufbauhöhe. Die einzelnen Elemente sind meist zwischen 8 und 15 mm dick und werden auf einer nur etwa 2 mm dicken **Zwischenlage** (Wellpappe, Filz o. ä.) verlegt. Außerdem können die Elemente nicht nur auf Estrich oder Trockenunterböden verlegt werden, sondern auch direkt auf den meisten Altbelägen, wie auf Stein- und Fliesenböden,

Linoleum und PVC, Nadelvlies und Teppichboden sowie auf bestehenden Dielenböden – einen ebenen Unterboden immer vorausgesetzt.

In jedem Fall muss der Verlegeuntergrund ausreichend trocken sein und darf keinerlei **Schädlingsbefall** aufweisen. Von Schädlingen oder von Pilzen befallene Holzbalken oder Dielen müssen saniert oder entfernt werden. Die Holzfeuchte der Balken, Unterböden oder Lagerhölzer darf maximal 12 Prozent betragen. Auch Massivdecken und Estriche müssen vor dem Verlegen vollständig ausgetrocknet sein. Soll der Holzboden im Souterrain oder auf der erdberührenden Erdgeschossplatte verlegt werden, muss eine Abdichtung gegen aufsteigendes Wasser vorhanden sein.

Für die schwimmende Verlegung und die Verklebung muss der Verlegeuntergrund mindestens die **DIN für Estriche** erfüllen: 4, besser 2 mm Höhenabweichung auf 1 m (bzw. 10 mm auf 4 m) sind erlaubt.

Für die Verklebung muss zusätzlich die Festigkeit des Untergrunds geprüft werden. Er darf nicht absanden und keine Spannungs- oder Setzrisse aufweisen.

Da Holz- und Laminatböden selbst wenig zur Luft- und Trittschalldämmung beitragen, muss eine ausreichende Schalldämmung durch den Gesamtaufbau der Decke gewährleistet werden. Bei Massivdecken kann dies durch Einbringen eines schwimmenden Estrichs oder eines Trockenbodenaufbaus geschehen. Lagerhölzer sollten beidseitig mit einer Zwischenlage aus Filz, Kork oder Ähnlichem versehen und nicht fest mit dem Untergrund verbunden werden.

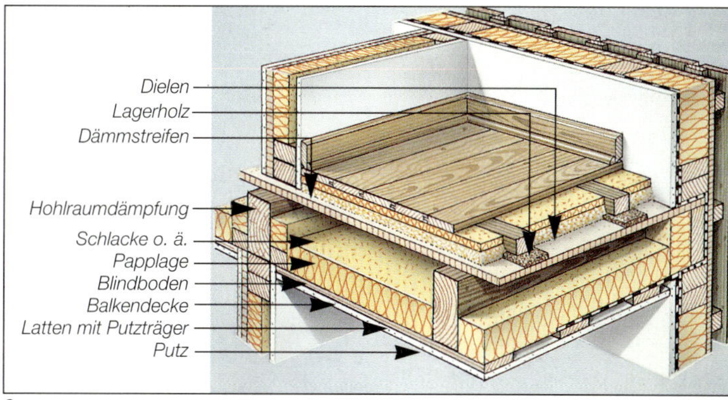

3

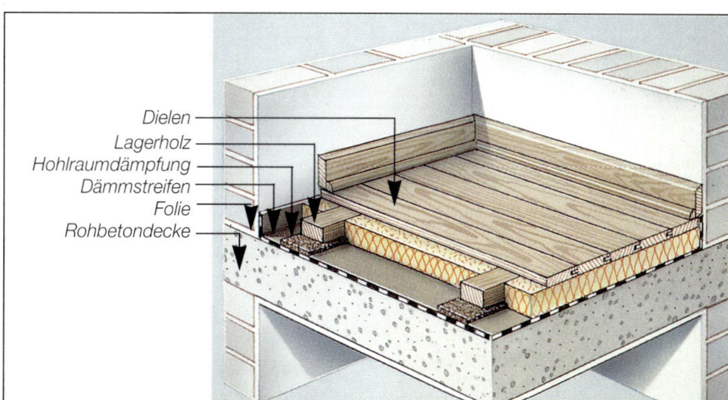

4

Parkett und Laminat auf Fußbodenheizungen

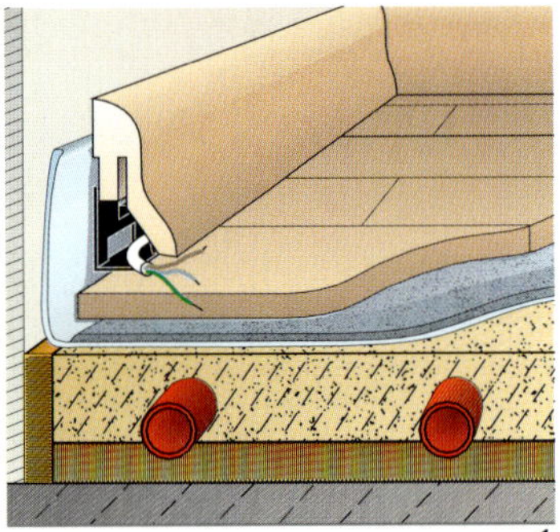

1

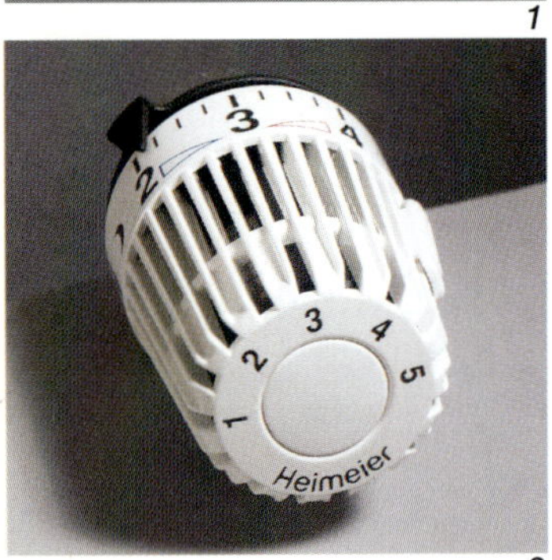

2

3

Grundsätzlich sollte man Holzböden vor dem Verlegen 1 bis 2 Wochen am Verlegeort lagern, damit sie sich akklimatisieren – das heißt auf Temperatur und Raumklima einstellen können.

1 Obwohl Fertigparkett, Laminat- und Korkböden meist auch für Flächen mit Fußbodenheizung geeignet sind (Herstellerangaben!), müssen für diesen Fall zusätzliche Vorkehrungen getroffen werden.

2 Damit es nicht zu drastischen Feuchte- und Temperaturbewegungen und damit zur übermäßigen **Fugenbildung** oder zu Verformungen kommt, ist eine Thermostatsteuerung der Heizung unerlässlich. Die folgende Vorgehensweise empfiehlt sich insbesondere dann, wenn der Parkettboden vollflächig verklebt wird. Vor Beginn der Verlegearbeiten sollte der Estrich – unabhängig von Jahreszeit und Witterung – über mehrere Tage aufgeheizt und wieder abgeheizt werden. Man erhöht dabei zunächst die **Vorlauftemperatur** täglich um etwa 5 °C, bis die maximale Heizleistung erreicht ist. Dann wird diese Temperatur über etwa vier Tage (ein Tag pro Zentimeter Estrichdicke) eingehalten. Danach wird – wieder in 5 °C-Schritten – »abgeheizt«, bis der Estrich eine Oberflächentemperatur von 15 bis 18 °C erreicht hat. Dann erst beginnt man mit den Verlegearbeiten. Bis drei Tage nach Abschluss der Arbeiten sollte die Temperatur nicht verändert werden. Auch zu Beginn jeder Heizperiode sollten Sie, wie beschrieben, langsam und stufenweise in 5 °C-Schritten aufheizen. Ansonsten ist für Parkett ein **Raumklima** ideal, das auch dem Menschen angenehm ist: eine Temperatur von 18 bis 22 °C und eine relative Luftfeuchte von ca. 55 bis 65 Prozent.

3 Bei zu trockener Luft ist der Einsatz eines Luftbefeuchters sinnvoll. Da beim Einsatz von Fußbodenheizungen unter Teppichen oder Einrichtungsgegenständen teilweise höhere Oberflächentemperaturen entstehen können, muss in solchen Bereichen mit einer stärkeren Fugenbildung gerechnet werden.

Profitipp
Hin und wieder sollten Sie Holzböden mit dem vom Hersteller empfohlenen Spezialpflegemittel grundreinigen. Bei Fußbodenheizungen vorher die Oberflächentemperatur absenken.

Qualitätsmerkmale für Holz- und Laminatböden

Die Qualität eines Holzbodens ist beim Kauf nicht auf den ersten Blick ersichtlich. Voraussetzung ist, dass der Rohstoff Holz fachgerecht geschnitten, getrocknet und verarbeitet worden ist.

1 Eine gleichbleibende **Qualität** der fertigen Elemente ist zudem nur durch regelmäßige Kontrollen zu gewährleisten, wie sie in der Regel nur von Markenherstellern durchgeführt werden. Parketthölzer und Dielen dürfen ab Werk nicht mehr als 8 bis 10 Prozent Feuchte besitzen. Sie sollten luftdicht in Folie verpackt sein, damit sich der Feuchtegehalt nicht durch die Lagerbedingungen verändert.

2 Höhe und Winkel sowie Nuten und Federn der einzelnen Elemente müssen absolut maßhaltig und präzise gearbeitet sein. Die **Maßhaltigkeit** kann man erkennen, wenn man die Elemente einmal probeweise zusammensetzt: Sie sollten keine Höhenunterschiede und eine minimale Fuge aufweisen.

3 Die Oberflächenhärte sollte der Beanspruchung entsprechen. Die Widerstandsfähigkeit gegen Stoß- und Schlagbelastung wird in der Regel nach Brinell gemessen. Die Tabelle zeigt, dass es zwischen den einzelnen Holzarten hier deutliche Unterschiede gibt.

Von ganz entscheidender Bedeutung ist auch die Qualität der Oberflächenversiegelung. Sie muss abtrittfest, lichtecht und möglichst beständig gegen aggressive Chemikalien und Hitzeeinwirkung sein. Eine wichtige Norm ist hier die **DIN 53160**, die die Mindestanforderungen für die Verschleißfestigkeit der Versiegelung festlegt. Diese Norm bezieht sich allerdings nur auf Lackversiegelungen und kann auf öl- bzw. wachsversiegelte Böden nur bedingt angewandt werden.
Leider gibt es für Holzböden auch kein verbindliches und überwachtes Gütezeichen, an das man sich beim Kauf halten könnte – abgesehen vom »Blauen Engel«, der die Unbedenklichkeit für Mensch, Tier und Pflanze nach DIN 53160 (EN 71) bescheinigt. So gilt wie (fast) immer: Qualität hat ihren Preis. Ein Fertigparkett für 25 Mark/m² wird in aller Regel höheren Qualitätsansprüchen kaum genügen können.

Für Laminatböden gibt es neuerdings das **RAL-Gütezeichen**. Es gewährleistet einen relativ hohen Qualitätsstandard (vgl. S. 21 f.).

1

2

Härtegrade

Holzart	Brinellhärte
Eiche	3,7
Buche	3,8
Esche	4,0
Kanad. Ahorn	4,8
Kirsche	3,6
Merbau	4,9
Kiefer	1,6
Birke	2,6
Fichte	1,3

3

Holz als Werkstoff

Holz arbeitet

Wer Holz verarbeitet, sollte zumindest seine wichtigsten Eigenschaften und vor allem Eigenarten kennen. Als naturgewachsener Werkstoff reagiert Holz auf **Temperatur-** und besonders auf **Feuchtigkeitsschwankungen** mit Schwinden, Quellen, Verziehen, Reißen oder Werfen. Kurz gesagt: Es arbeitet. Aber auch bei diesen Bewegungen folgt das Holz bestimmten Gesetzmäßigkeiten. Wenn man diese kennt, kann man seinen »Bewegungsdrang« in der Regel erfolgreich eindämmen.

Zunächst einmal muss man beachten, dass Holz beim Trocknen an Volumen verliert, es schwindet. Getrocknetes Holz, wie man es für Ausbauarbeiten im Innenbereich verwendet, kann aber auch wieder Feuchtigkeit und damit Volumen aufnehmen: In diesem Fall spricht man vom **Quellen** des Holzes. In Faserrichtung bewegt sich das Holz dabei übrigens kaum (maximal 1,5 Prozent Längenänderung). Die Hauptbewegung erfolgt quer zur Faser. Dabei kommt es zu charakteristischen Verformungen, da – vom Kern aus betrachtet – die Schwundneigung des Holzes nach außen hin stetig zunimmt.

1 Die aus einem Stamm geschnittenen Bretter kann man folgendermaßen differenzieren: Das **Kernbrett** zeigt im Querschnitt neben dem Kern nur stehende Jahresringe, **Mittelbretter** haben hauptsächlich halbstehende Jahresringe, während die ganz außen liegenden **Seitenbretter** viele liegende Jahresringe aufweisen.

2 Hinsichtlich ihres Schwundverhaltens unterscheiden sich diese Bretter erheblich: Auf der dem Kern zugewandten, so genannten **rechten Seite** werden Seiten- und Mittelbretter beim Schwinden rund, auf der dem Kern abgewandten **linken Seite** dagegen hohl. Dabei ist die Formänderung beim Seitenbrett stärker als beim Mittelbrett. Das Kernbrett schwindet am wenigsten, es wird lediglich auf beiden Seiten leicht rund.
Sowohl bei Dielen- als auch bei Parkettböden werden Bretter aus jeder Schnittebene eingesetzt. Man muss also der Neigung zum Schwinden bzw. Quellen des Holzes auf andere Weise begegnen. Am wichtigsten ist hierbei die fachgerechte Holztrocknung. Dabei wird dem Holz in großen Kammern so viel Feuchtigkeit entzogen, bis es sich im Feuchtegleichgewicht mit der Raumtemperatur und Luftfeuchtigkeit von bewohnten und durchschnittlich beheizten Räumen befindet (20 °C, 45 bis 55 Prozent Luftfeuchtigkeit). Dieses Gleichgewicht ist bei einer Holzfeuchte von 8 bis 10 Prozent erreicht. Erst dann wird das Holz verarbeitet. Damit die Holzbodenelemente ins Feuchtegleichgewicht mit den individuellen Gegebenheiten am Verlegeort kommen, sollte man sie vor dem Verlegen ein bis zwei Wochen vor Ort lagern. Dies ist natürlich besonders wichtig bei massiven Holzböden, da hier keine weitergehenden Maßnahmen gegen das Schwinden bzw. Quellen möglich sind.

Da sich aber das Raumklima im Jahresverlauf ändert, können die Schwindbewegungen nicht völlig unterbunden werden: So ist eine leichte Fugenbildung in der Heizperiode bei massiven Dielenböden normal und kaum vermeidbar. Die in Abb. 2 gezeigten Formänderungen verhindert man bei massiven Bodenbelägen meist durch vollflächiges Verkleben (Parkett) bzw. Nageln oder Schrauben (Dielen). Es gibt auch Massivholzböden zur schwimmenden Verlegung. Dabei müssen die Herstellerangaben gewissenhaft beachtet werden.

Holzarten und Eigenschaften

Hölzer unterscheiden sich nicht nur in ihren ästhetischen Merkmalen, sondern auch hinsichtlich der technischen Eigenschaften. Beim Einsatz als Bodenbelag ist vor allem die Härte des Holzes – seine Beständigkeit gegen Eindrücke und Abrieb – von Bedeutung.

In der Praxis werden die verschiedenen Holzarten häufig in vier Härtegruppen eingeteilt:

- **sehr weich** – z. B. Tanne, Pappel, Weide, Linde
- **weich** – z. B. Fichte, Kiefer, Lärche
- **mittelhart** – z. B. Birnbaum, Nussbaum, Birke, Erle
- **hart** – z. B. Ahorn, Eiche, Esche, Eibe
- **sehr hart** – z. B. Palisander, Rot- und Weißbuche, Pockholz

Bei der Auswahl der Holzart sollte also neben optischen Gesichtspunkten in jedem Fall auch die spätere Beanspruchung des Bodens berücksichtigt werden. Sehr weiche und weiche Böden eignen sich vornehmlich für gering beanspruchte Wohnbereiche, aber auch mittelharte Hölzer sollten nicht unbedingt in Räumen mit großem Publikumsverkehr verlegt werden.

Holzwerkstoffe

Holzwerkstoffe spielen vor allem als Trägermaterial bei mehrschichtig verleimten Parkett- und Laminatböden eine Rolle. Hierbei kommen folgende Werkstoffe zum Einsatz:

Sperrholz (Furniersperrholz) besteht aus mehreren Lagen Holzfurnier, die mit jeweils rechtwinklig versetztem Faserverlauf aufeinandergeleimt sind. Durch den lagenweise versetzten Faserverlauf können die einzelnen Lagen nicht mehr ungehindert arbeiten. Sperrholz besitzt deshalb eine höhere Formbeständigkeit, Maßhaltigkeit und Festigkeit als Vollholz vergleichbarer Dicke. Besonders dickes und viellagiges Sperrholz nennt man **Multiplex**.

Spanplatten (Flachpressplatten) werden unter Zugabe von Leim aus Holzspänen gepresst. Sie lassen sich gut be- und verarbeiten, erreichen allerdings bei Verbindungen an ihren Kanten (Leim, Nägel, Schrauben) schlechte Haltewerte.

MDF-Platten (Mitteldichte Faserplatten) werden nicht aus Spänen, sondern aus Holzfasern hergestellt. Ihr Vorteil gegenüber den Spanplatten ist die absolut homogene Oberfläche und die glatten Kanten, die deutlich höhere Haltewerte erreichen und auch besser profiliert (z. B. genutet) werden können.

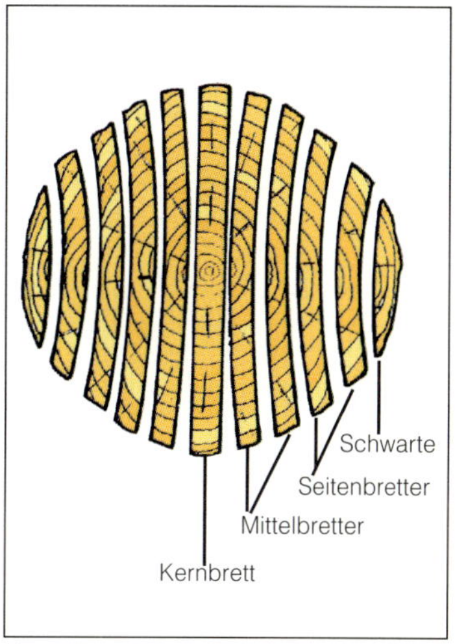

1

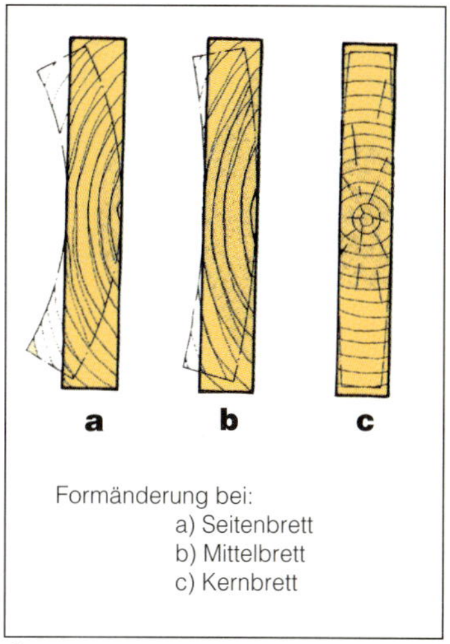

2

Klassischer Parkettboden und Fertigparkett

Buchenparkett im Fischgrätmuster verlegt

Parkettböden
In der DIN 280 werden verschiedene Arten von Parkettbelägen unterschieden. Es gibt neben dem Fertigparkett (vgl. S. 17) drei klassische Parkettarten. Gemeinsam ist diesen vor allem, dass sie nach dem Verlegen noch geschliffen und oberflächenbehandelt werden müssen.

***1* Stabparkett** kann aus umlaufend genuteten Stäben bestehen, die beim Verlegen mit Federn verbunden werden. Sind die Parkettelemente mit Nut und Feder ausgeführt, spricht man von Riemen. Abmessungen: ca. 22 mm dick, 45 bis 80 mm breit, 250 bis 1000 mm lang.

2 Tafeln für **Tafelparkett** gibt es in verschiedenen Formen und Abmessungen, auch aus mehreren Hölzern verleimt oder mit mehrschichtigem Aufbau. Sie sind rundum genutet oder mit Nut und Feder versehen.

***3* Mosaikparkett** besteht aus kleinen Lamellen, deren Seiten ringsum glatt bearbeitet sind. Abmessungen: ca. 8 mm dick, bis 25 mm breit und bis 165 mm lang.

Die oben genannten Parkettarten sind mitunter auch zu größeren Verlegeeinheiten zusammengesetzt erhältlich – als Parkettplatten oder -dielen. Diese gibt es in massiver Form, aber auch als Mehrschichtparkett, bei dem eine mindestens 5 mm dicke Decklage aus Parkettholz auf eine Unterlage aufgeleimt ist.

4 Ein sehr robuster Holzboden, der auch in Werkhallen oder im Objektbereich häufig eingesetzt wird, ist das **Hochkantlamellenparkett** (auch Mehrzweckparkett genannt).

5 Noch robuster ist das **Holzpflaster**. Es besteht aus rechteckigen Klötzen, die man mit der Hirnholzseite nach oben verlegt. Hier ist es als Fertigparkett aufgeleimt.

In der DIN 280/1 werden Parkettstäbe und -riemen hinsichtlich des Oberflächenbilds in verschiedene Sortierungen unterteilt. Dabei geht es nicht um eine qualitative Einordnung, sondern um eine Klassifizierung nach optischen Gesichtspunkten. Da Eiche die gebräuchlichste Holzart ist, wird die Sortierung am Beispiel Eiche verdeutlicht.
Eiche-Natur (Ei-N): Eine riss- und splintfreie Oberfläche, fest verwachsene Äste bis 8 mm Ø, Farbe und Maserung ohne betonte Struktur- und Farbunterschiede.

Eiche-Gestreift (Ei-G): Etwas stärkere Struktur- und Farbunterschiede, außerdem sind hier fest verwachsene Äste bis 10 mm Ø zulässig.

Eiche-Rustikal (Ei-R): Zulässig sind fest verwachsene Äste bis 15 mm Ø, die Oberfläche zeigt ein sehr lebhaftes Erscheinungsbild mit betonten Farben.

3

1

4

2

5

6

7

Die Sortierung anderer Holzarten lehnt sich an diese Sortierung an.
Auch die Mosaikparkettlamellen gibt es in den Sortierungen Eiche-Natur (N), Eiche-Gestreift (G) und Eiche-Rustikal (R), die den oben für Parkettstäbe dargestellten Sortierungen entsprechen. Für Buche, Kiefer und andere Nadelhölzer sind die Sortierungen »natur« und »rustikal« genormt. Vielfach verwenden die Hersteller aber auch eigene Sortierungskennzeichnungen.
Die einzelnen Parkettarten können unterschiedlich verlegt werden. Gebräuchlich für Stabparkett sind das **Fischgrätmuster** (*6*), der **regelmäßige Verband** (*7*) und der **Würfelboden**. Mosaikparkett wird in der Regel als Würfelboden – gerade oder diagonal – verlegt.
Für besondere Ansprüche gibt es auch Friese und Intarsien (***8***).

Ökotipp
Neben einheimischen Holzarten werden auch Bodenbeläge aus exotischen Hölzern wie etwa Merbau angeboten. Der vor einiger Zeit propagierte Boykott von Tropenholz trägt – wie man inzwischen weiß – wenig zur Erhaltung der Regenwälder bei, denn unverkäufliches und damit wertloses Holz wird von der einheimischen Bevölkerung brandgerodet. Am ehesten kann man Einfluss auf die Art der Bewirtschaftung und des Abbaus nehmen, wenn man bei der Entscheidung darauf achtet, nur Tropenholzprodukte – z. B. Bodenbeläge – aus einer kontrolliert nachhaltigen Bewirtschaftung zu erwerben.

8

Fertigparkett

Als Fertigparkett bezeichnet man Bodenbeläge mit Holzoberfläche, die bereits ab Werk oberflächenversiegelt geliefert werden. Sie müssen nach dem Verlegen weder geschliffen noch mit Lacken, Ölen oder Wachsen behandelt werden. Damit entfallen zwei zeitaufwendige und anspruchsvolle Arbeitsschritte. Die einfache Verarbeitung macht Fertigparkett zu einem gerade für Heimwerker interessanten Produkt. Da das Schleifen zudem mit einer erheblicher Staubentwicklung verbunden ist, bietet Fertigparkett bei Renovierungen in bewohnten Räumen entscheidende Vorteile.

Fast immer sind die Fertigparkettelemente umlaufend mit Nut und Feder ausgestattet, so dass beim Verlegen aus den Einzelelementen ein fester und höhengleicher Verbund entsteht. Fertigparkett kann ganz aus massivem Holz bestehen, aber auch aus einer Verbindung von Hölzern, Holzwerkstoffen oder anderen Werkstoffen.

1 Es gibt Fertigparkettarten, die wie Dielenböden durch Vernageln, Verschrauben oder Verkleben fest mit dem Untergrund verbunden werden müssen, wie beispielsweise dieses zweischichtige Fertigparkett.

2 Meist wird Fertigparkett jedoch schwimmend verlegt, das heißt ohne Verbindung mit dem Untergrund oder angrenzenden Bauteilen.

Das gilt vor allem für Fertigparkettelemente, die meist aus drei Schichten bestehen, wobei die Deckschicht in jedem Fall ein Parkettholz sein muss, während beim Unterbau auch andere Werkstoffe Verwendung finden können.

3 Massives Fertigparkett, das sich für eine schwimmende Verlegung eignet, muss aus sorgfältig ausgewähltem und getrocknetem Holz bestehen. Häufig muss es mit Hilfe von **Metallklammern** verbunden werden. Es kann öfter aufgearbeitet werden.

4 Der Vorteil mehrschichtiger Holzböden liegt zum einen in der preiswerteren Herstellung – nur die dünne Deckschicht besteht hier aus edlem Holz –, zum andern sind sie durch die Schichtverleimung in jeder Richtung relativ formstabil, so dass eine feste Verbindung mit dem Untergrund nicht erforderlich ist. Mehrschichtig aufgebautes Fertigparkett gibt es in verschiedenen

1

2

3

4

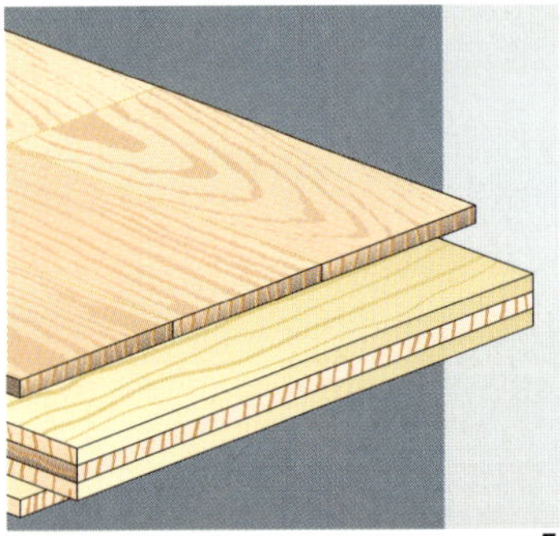

5

6

7

8

Varianten. Häufig besteht die Mittellage aus Holzstäben, die quer zum Faserverlauf der Deckschicht liegen. So wirken sie dem Bewegungsdrang der Deckschicht entgegen und sorgen für hohe Formstabilität selbst bei ungünstigen Bedingungen. Achten Sie darauf, dass die Massivholzstäbe im Querschnitt stehende Jahresringe zeigen. So gewährleisten sie eine hohe Druckfestigkeit des Aufbaus. Nut und Feder sind in dieser Schicht angefräst. Die unterste Lage besteht meist aus einem Weichholzfurnier, das als Gegenzugelement wiederum rechtwinklig zum Faserverlauf der Stäbchen angeleimt wird.

5 Bei anderen Fertigparkettelementen besteht die Mittellage aus Sperrholz oder anderen Holzwerkstoffplatten, die eine ähnlich stabilisierende Wirkung haben. Hochverdichtete Holzfaserplatten beispielsweise ermöglichen eine besonders geringe Gesamtdicke des Elements (ab 7 mm). Bei einem nach DIN 280/5 hergestellten Fertigparkett muss die Deckschicht aus Parkettholz mindestens 2 mm dick sein. Auch bei Fertigparkett gibt es eine genormte Sortierungskennzeichnung, die wieder an der Holzart Eiche erläutert wird:

Eiche XXX (EI XXX): Riss- und splintfreie Oberfläche, Äste nur bis 2 mm Ø, keine groben Struktur- und Farbunterschiede.

Eiche XX (EI XX): Rissfreie Oberfläche, Äste bis 2 mm Ø, Oberflächenbild kann durch Splint und lebhafte Struktur bestimmt sein.

Eiche X (EI X): Rissfreie Oberfläche, Äste, betonte Holzfarben und lebhafte Struktur bestimmen das Oberflächenbild.

Die meisten Hersteller haben allerdings hauseigene Prüfkriterien und Bezeichnungen für die Sortierung entwickelt. Wie sehr das Oberflächenbild einer Holzart durch die Sortierung beinflusst wird, zeigen die Beispiele aus dem Programm eines namhaften Herstellers links: Eiche Sinfonie (**6**), Eiche Harmonie (**7**) und Eiche Astig (**8**).

Sonstige Holzböden

Korkparkett

1 Wie der Name schon nahelegt, kann Korkparkett nur im weiteren Sinne zu den Holzböden gezählt werden – Kork ist die Rinde der Korkeiche. Da Korkparkett jedoch in Aufbau und Verarbeitung einem mehrschichtigen Fertigparkettboden gleicht, findet es auch in diesem Kontext Erwähnung. Korkparkett besteht meist aus einer mit Nut und Feder versehenen **Holzfaserplatte** (MDF oder HDF), auf die ein Korkfurnier oder eine Korkschrotplatte aufgeleimt ist. Diese ist genau wie Fertigparkett versiegelt und bedarf nach dem Verlegen keiner weiteren Behandlung. Korkböden sind weniger feuchteempfindlich und zudem fußwärmer als Holzböden. Sie bieten eine bessere Schalldämmung und höhere Elastizität.

Manche Korkböden können sogar mittels Abschleifen renoviert werden. Korkparkett gibt es auch in vielen farbigen Ausführungen.

Landhausdielen

2 Nach der DIN sind auch die so genannten Landhausdielen eigentlich Fertigparkettelemente. In verlegtem Zustand gleichen sie den Massivholzdielen, da die Nutzschicht der langen, dielenförmigen Elemente aus einem Stück Holz besteht. Allerdings besitzen sie einen meist dreischichtigen Aufbau und können im Gegensatz zu den meisten Massivdielen grundsätzlich schwimmend verlegt werden.

Hobeldielen

Der traditionelle Bodenbelag früherer Zeiten ist der Dielenboden. Die Dielen wurden einfach auf die Balken der Holzbalkendecken genagelt und stellten so einen preiswerten, schnell zu verlegenden Oberbelag dar. Mit dem Aufkommen massiver Betondecken mit Estrich kamen Dielen vorübergehend etwas aus der Mode. Heute erleben Dielenböden eine regelrechte Renaissance. Die Hobeldielen sind selbsttragend und bieten deshalb nach wie vor dort Vorteile, wo kein ebener Untergrund in Form eines schwimmenden Estrichs vorhanden ist. Dielen werden auf Lagerhölzern oder auf flächigen Unterböden aus Holzwerkstoffplatten vernagelt oder verschraubt.

3 Nach **DIN 4072** sind Hobeldielen gespundete (mit Nut und Feder auf den Längsseiten versehene) Bretter. Hochwertige Dielen sind in der Regel auch an den Kopfseiten mit Nut bzw. Feder ausgestattet. Meis-

1

2

3

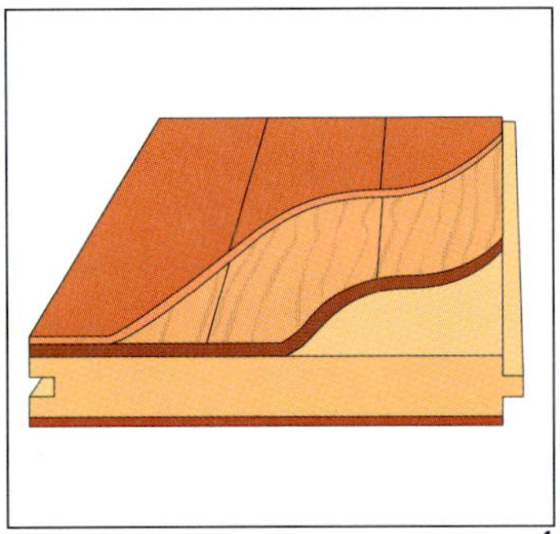

4

5

6

tens bestehen Dielen aus Nadelhölzern, wie Fichte, Tanne, Kiefer, Lärche, Douglasie – es sind jedoch auch andere Holzarten erhältlich. Die handelsüblichen Maße: 19,5 bis 35,5 mm Dicke, 95 bis 180 mm Breite (Deckmaß ohne Feder), 1500 bis 6000 mm Länge.

Die **Holzfeuchte** von Dielen sollte bei der Verlegung zwischen 10 und maximal 14 Prozent liegen – das gleiche gilt gegebenenfalls für die verwendeten Lagerhölzer.

Sonstige Fertigholzböden

4 Es gibt so genannte Fertigholzböden, die trotz der Endversiegelung nicht der DIN für Fertigparkett entsprechen, da die Deckschicht dünner als 2 mm ist. Das bedeutet nicht unbedingt, dass diese Produkte qualitativ schlechter zu bewerten sind. Da sie jedoch nicht mehr aufgearbeitet werden können, müssen diese oft deutlich preiswerteren Produkte mit besonders robusten und strapazierfähigen Versiegelungen ausgestattet sein. Aufgrund der meist geringen Aufbauhöhe (ab 7 mm) eignen sich solche Beläge auch sehr gut für Renovierungen. Sie können meist auf bereits bestehenden Belägen verlegt und mit Anpassungsprofilen an die angrenzenden Beläge angeschlossen werden.

OSB-Bodenbelag

5 OSB-Platten (»Oriented Strand Board«) werden aus relativ groben Spänen verpresst und verleimt, wobei die Späne an der Oberfläche in eine Richtung orientiert sind. Dadurch ergibt sich ein attraktives Oberflächenbild, das gerade als Bodenbelag eine interessante und ungewöhniche Optik bietet.
Ursprünglich wurden die Platten für konstruktive Zwecke entwickelt, da sie bessere statische Eigenschaften als normale Spanplatten aufweisen. Aufgrund ihres interessanten Oberflächenbilds werden OSB-Platten aber bereits seit langem auch für Sichtflächen im Objekt- und Messebereich eingesetzt. Die Verwendung als Oberboden für den Wohn- und Hobby-Bereich ist allerdings noch relativ neu. Die Platten haben umlaufend Nut und Feder und werden wie Fertigparkett schwimmend verlegt.

6 Sie werden wohnfertig versiegelt bzw. geölt angeboten, aber auch unbehandelt zur nachträglichen Versiegelung. Interessante Effekte lassen sich durch die farbige Gestaltung der Oberfläche erzielen.

Laminatboden

Laminatböden bestehen wie Fertigparkett aus Nut-und-Feder-Elementen, die schwimmend verlegt werden. Sie kommen dort zum Einsatz, wo ein anspruchsvoller, strapazierfähiger Bodenbelag gefragt ist.

1 Laminatböden sind grundsätzlich mehrschichtig aufgebaut. Die **Deckschicht** (Overlay) besteht aus einer oder mehreren Lagen eines faserhaltigen Materials (z. B. Papier), die mit einem wärmehärtbaren Kunstharz, in der Regel Melaminharz, verpresst werden.
Die **Trägerplatte** besteht aus einem Holzwerkstoff, z. B. Spanplatte, mitteldichte oder hochdichte Faserplatte (MDF/HDF).
Die **Gegenzugschicht** dient wie beim Fertigparkett der zusätzlichen Stabilisierung. Sie kann aus einem Furnier oder einer weiteren harzverpressten Schicht bestehen.
Leider gibt es gerade bei Laminatböden beträchtliche Qualitätsunterschiede, die äußerlich nur schwer bzw. nur vom Fachmann festzustellen sind. Viele Hersteller machen nur Angaben über die Beständigkeit gegen Abrieb, der in einem genormten Verfahren (Taber-Test) mittels eines Reibrades festgestellt und klassifiziert wird. Dabei wird die Anzahl der Umdrehungen gemessen, die erforderlich sind, bis ein Durchrieb des Dekors festzustellen ist (z. B. 7000 Umdrehungen). Diese Beständigkeit gegen Abriebbeanspruchung ist jedoch nur eines von mehreren Kriterien für die Qualität eines Laminatbodens. Weitere prüfbare Qualitätsmerkmale sind die Widerstandsfähigkeit gegen Zigarettenglut (***2***), die Beständigkeit gegen Druck- und Stoßbeanspruchung (***3***), die Fleckenunempfindlichkeit (***4***), die Stuhlrolleneignung, die Lichtechtheit und Abhebefestigkeit der Deckschicht sowie die Maßhaltigkeit der Elemente und ihre so genannte Dickenquellung unter Wassereinfluss.
Die Anforderungen und das **Prüfverfahren** zu diesen Qualitätsmerkmalen regelt der europäische Normentwurf für Laminatboden (EN 13329).

1

2

3

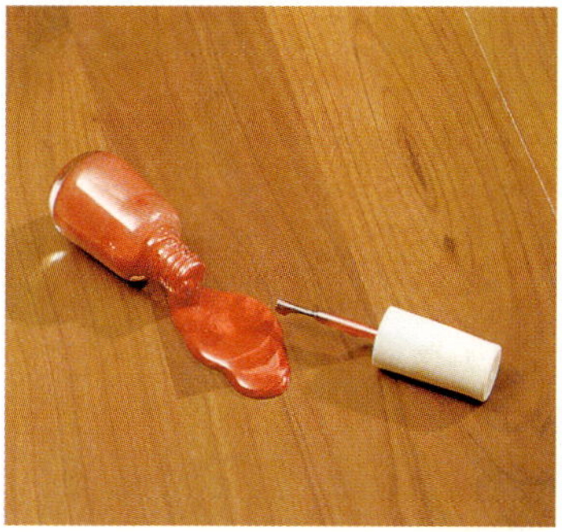

4

5

6

7

5 Er enthält auch eine Unterteilung nach Beanspruchungsklassen mit den hier gezeigten Symbolen.

6 Das RAL-Gütezeichen für Laminatböden verleiht die Gütegemeinschaft Laminatfußboden e.V. Hier werden zusätzlich bestimmte Anforderungen an den Hersteller (eigene Produktion, Erfahrung in Produktion und Verlegung etc.) und die Herstellung (erhöhte Umweltanforderungen, Einsatz von Fachpersonal etc.) gestellt. Die Prüfbestimmungen schließen eine kontinuierliche Fremdüberwachung ein. Das RAL-Gütezeichen ist also ein wichtiges Kriterium für den Kauf Ihres Laminatbodens.

7 Laminatböden gibt es in verschiedenen Holzdekoren, aber auch mit Stein- oder Fantasiedekoren.

Fußleisten, Abschluss- und Ausgleichsprofile

Alle bisher vorgestellten Bodenbeläge müssen so verlegt werden, dass zu angrenzenden Wänden und zu Bauteilen, die den Belag unterbrechen, eine Bewegungsfuge – in der Regel 10 bis 15 mm breit – verbleibt. Diese Fuge muss nach dem Verlegen mit einer Fußleiste abgedeckt werden. Sie kann aus massivem Holz bestehen oder aus einem furnierten oder folierten Weicholz bzw. Holzwerkstoff. Klassische **Parkettleisten** sind 20 bis 23 mm breit und 40 bis 60 mm hoch und werden an die Wand genagelt oder gedübelt.

1 Komfortabler sind **Systemleisten**, die einfach auf zuvor angedübelte Clips aufgesteckt werden können. Für die Schnittstellen gibt es mitunter Abdeckkappen oder Formstücke für Innen- und Außenecken. Manche Hersteller bieten Fußleisten an, hinter denen man Elektrokabel oder sogar Heizungsrohre verlegen kann – letztere gibt es auch in Kunststoffausführung.
Neben den klassischen Fußleisten sind eine Reihe von meist folienkaschierten Designleisten erhältlich, die ebenfalls bei Holz- und Laminatböden verwendet werden können – vorausgesetzt, sie überdecken die Dehnungsfuge.

2 **Abschlussprofile** umfassen mit einer flachen Auskragung den Belagsrand und werden im Unterboden verdübelt oder verschraubt. Sie können ebenfalls an Wänden und anderen Belagsgrenzen eingesetzt werden. Es gibt Ausführungen aus Massivholz und aus Metall. Letztere sind meist zweiteilig: Ein Grundprofil wird am Belagsrand direkt auf der Unterkonstruktion befestigt, das Deckprofil wird dann aufgeschraubt oder einfach aufgesteckt.

3 **Übergangsprofile** – aus Holz oder Metall – kommen am Übergang zu einem gleich hohen Bodenbelag zum Einsatz. Sie greifen auf beiden Seiten über den jeweiligen Belagsrand.

4 **Anpassungsprofile** verwendet man überall da, wo ein Niveauausgleich zwischen zwei Belägen geschaffen werden muss. Während bei Anpassungsprofilen aus Massivholz das Maß für die Höhendifferenz fest vorgegeben ist, bieten die zweiteiligen Profilkonstruktionen aus Metall (meist aus Aluminium) einen Toleranzbereich von einigen Millimetern.

5 Einige Hersteller bieten auch Treppenkantenprofile aus Holz an.

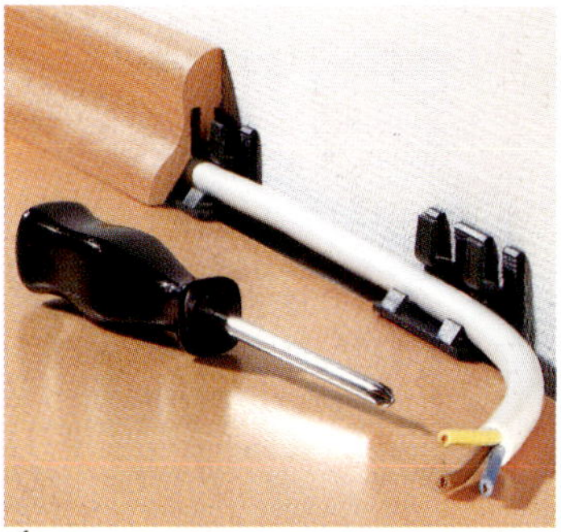

1

2

3

4

5

Mittel zur Oberflächenbehandlung

1

2

Fertigparkett und andere werkseitig versiegelte Holzböden brauchen nach dem Verlegen keine Oberflächenbehandlung mehr. Sie sind ab Werk mit einer oft mehrschichtigen **Versiegelung** auf Lack- oder Ölbasis behandelt. Unbehandelte Produkte dagegen müssen nach dem Verlegen noch geschliffen und oberflächenbehandelt werden. Hierzu gibt es folgende, grundsätzlich verschiedene Verfahren: Die Versiegelung mit einem **Speziallack** und die Behandlung mit einem hochstrapazierfähigen **Holzöl**.

1 Bei der Versiegelung werden zum einen die natürlichen Poren der Holzoberfläche gefüllt, zum andern entsteht auf der Holzoberfläche eine geschlossene Filmschicht, die sehr verschleißfest und widerstandsfähig ist. Nachteil einer solchen filmbildenden Versiegelung ist, dass sie bei Beschädigung durch Kratzer etc. nicht partiell repariert werden kann.

2 Bei der Behandlung mit Öl wird die oberste Holzschicht selbst gehärtet. Das Öl dringt in diese Schicht ein und schließt ebenfalls alle Poren. Eine Filmbildung erfolgt jedoch nicht. Die heute verwendeten Öle sind den Versiegelungen in der Verschleißfestigkeit durchaus ebenbürtig. Außerdem kann ein geölter Bodenbelag auch partiell jederzeit repariert werden. Da die Öle in der Regel Lösungsmittel enthalten, dürfen Sie nur in gut belüfteten Räumen verwendet werden.

Sicherheitstipp
Ölgetränkte Lappen sind selbstentzündlich. Waschen Sie sie mit Wasser aus und trocknen Sie sie anschließend im Freien.

3 Die Tabelle zeigt die verschiedenen Versiegelungssysteme. Auch Versiegelungen auf Alkydharzbasis, Polyurethan-Siegel (DD-Siegel) und säurehärtende Siegel haben hohe Lösungsmittelanteile (50 bis 60 Prozent). Sehr geringe Lösungsmittelanteile haben dagegen die so genannten **Wasserlacke** auf Acryl- oder Polyurethanbasis. Wegen ihrer einfachen Verarbeitung und der guten Verschleißfestigkeit sind sie zudem am besten für die Versiegelung in Eigenleistung geeignet.

Holzböden können vor dem Versiegeln eingefärbt werden. Dabei müssen die verwendeten Materialien aufeinander abgestimmt sein

Anwendungsbereich	Holzart	Versiegelungsmittel					
		Wasserlack	Öl-Kunstharz- u. Urethan-Alcydharz	Polyurethan-Siegel (DD)	Säurehärtende Siegel	Öle	Wachse
Räume mit normaler und mittlerer Beanspruchung	Eiche	+	+	+	o	+	+
	Buche	+	+	+	o	+	+
	Kirsch	+	+	+	o	+	+
	Ahorn	+	o	+	o	o	+
	Esche	+	+	+	o	+	+
	Exoten	+	o	+	o	o	o
	Weichhölzer	+	+	+	o	+	+
Räume mit starker Beanspruchung	Eiche	+	+	+	o	+	+
	Buche	+	+	+	o	+	+
	Kirsch	+	+	+	o	+	+
	Ahorn	+	o	+	o	o	+
	Esche	+	+	+	o	+	+
	Exoten	+	–	+	o	o	o
Räume mit besonders starker Beanspruchung	Eiche	+	+	+	o	+	+
	Buche	+	+	+	o	+	+
	Kirsch	+	+	+	o	+	+
	Ahorn	+	o	+	o	o	o
	Exoten	+	–	+	o	o	o
Parkett auf Fußbodenheizung	alle Holzarten	o	+	–	o	o	o

+ geeignet **o** bedingt geeignet **–** nicht geeignet

Quelle: Arge Holz

3

(Herstellerhinweise). Als Färbemittel unter Lackversiegelungen eignen sich Holzbeizen, bei geölten Böden farbiges Holzöl.

4 Der Auftrag der Versiegelung kann mit Pinsel oder Rolle erfolgen.

5 Sehr wichtig für die Dauerhaftigkeit der Versiegelung ist die Erstpflege.

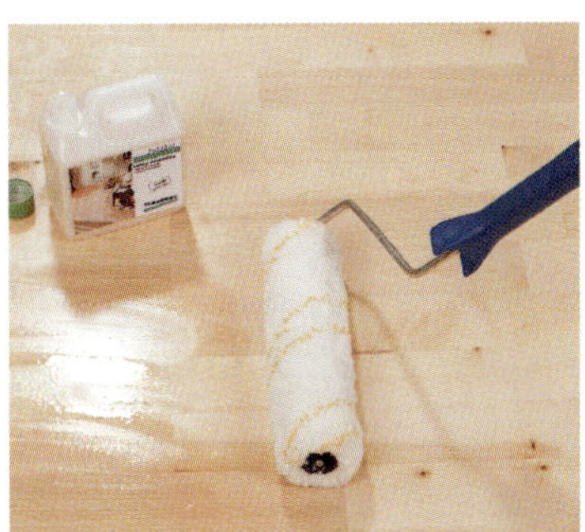

4

5

Parkettkleber, Leime und Dichtstoffe

1

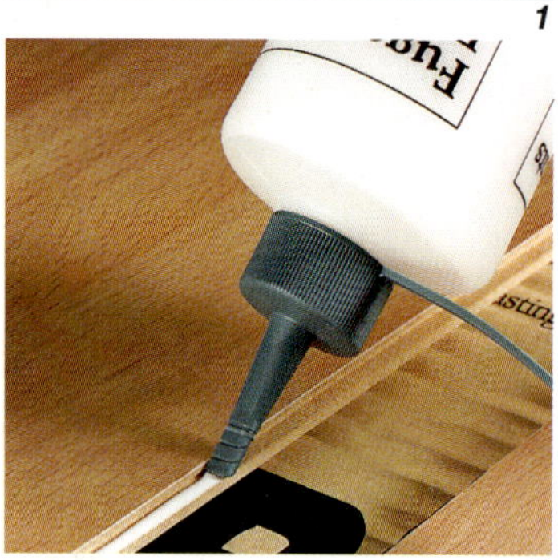

2

3

***1* Parkettkleber** dienen der flächigen Verklebung der Parkettelemente mit dem Verlegeuntergrund. Sie werden direkt auf die Verlegefläche aufgebracht und mit dem Zahnspachtel verteilt. Grundsätzlich gibt es zwei Arten: lösemittelhaltige Kleber und Kleber auf Dispersionsbasis. Lösemittelhaltige Kleber dürfen nur in gut belüfteten Räumen verwendet werden. Ihr Vorteil liegt in der Eignung für fast alle Verlegeuntergründe: Spanplatten, Zementestrich, Fließestriche und Gussasphalt.

Dispersionskleber, deren Verarbeitung gesundheitlich weniger bedenklich ist und die deshalb gerade für den Laien das Mittel der Wahl sein sollten, eignen sich dagegen nur für Spanplatten und Zementestriche. Bei Fließestrichen und Gussasphalt ist die Verwendung von Dispersionskleber nur dann möglich, wenn die Böden vorher mit Hilfe eines Voranstrichs und eventuell einer Spachtelmasse abgesperrt wurden. Dieser Mehraufwand lohnt sich aber in den meisten Fällen.

2 Holzleim, auch Weißleim genannt, ist ebenfalls ein Dispersionsklebstoff. Er dient der Verleimung der Elemente in Nut und Feder. Nach DIN unterscheidet man vier Gruppen von Holzklebstoffen (D1 bis D4). D2-Leim ist normaler Weißleim, wie er für Schreiner- und Bastelarbeiten verwendet wird. Für die Verleimung von Parkettelementen wird ausschließlich wasserfester D3-Leim verwendet.

Die Qualität einer Leimverbindung hängt entscheidend davon ab, wie hoch der Anpressdruck in der Trockenphase war. Bei der Verlegung von in Nut und Feder verleimten Holzböden bringen deshalb Spanngurte oder Klebebänder deutliche Vorteile.

Mitunter werden Anschlussfugen oder auch Bewegungsfugen im Belag nicht mit einem Spezialprofil abgedeckt, sondern dauerelastisch ausgespritzt. Hierzu verwendet man am besten einen Dichtstoff aus der Kartusche.

Aber Achtung: Nicht jeder Dichtstoff ist für Holzverbindungen geeignet. Besondere Vorsicht ist bei Silikondichtstoffen geboten: Alle Flächen, die mit Silikon in Berührung kommen, nehmen keinen Lack bzw. kein Öl mehr an!

3 Auf Nummer Sicher gehen Sie mit einem Spezialprodukt für Parkettrandfugen.

Spachtel- und Ausgleichsmassen

Schwimmend verlegte Böden benötigen einen ebenen Untergrund. Die Niveautoleranzen dürfen bei den meisten Fertigparkettböden maximal 4 mm auf 1 m betragen. Beachten Sie dazu die Herstellerhinweise.

Gerade im Altbaubereich findet man häufig deutlich größere Unebenheiten. Sind diese auf kleinere Bereiche beschränkt, hilft eine **Reparaturspachtelmasse**, die je nach Produkt bis zu 80 mm dick aufgebracht werden kann.

1 Bei großflächigeren Unebenheiten bringt man am besten eine selbstverlaufende **Fließspachtelmasse** ein. Allerdings kann man mit Fließspachtelmassen in der Regel nur Niveautoleranzen bis etwa 30 mm ausgleichen.

2 Solche Spachtelmassen gibt es nicht nur für alle mineralischen Untergründe, sondern auch für Dielen und Spanplattenböden.
Dabei sind mitunter jedoch einige vorbereitende Maßnahmen nötig. Bei schwingenden Holzböden kann die Zugabe einer Kunststoffvergütung oder das Einlegen eines Armierungsgewebes zur Aussteifung notwendig werden.

Bei größeren Unebenheiten ist eine standfeste **Ausgleichsmasse** erforderlich, die mit Hilfe einer Richtlatte plan abgezogen werden muss. Eine Alternative ist hier das Aufbringen eines dünnschichtigen **Estrichs** – z. B. Fließestrich. Dies ist für erfahrene Heimwerker in Eigenleistung möglich.

Bei all diesen Produkten ist eine Vorbehandlung des Untergrunds erforderlich, die unter anderem auch von der Art des Untergrunds abhängt. In der Regel gibt es zum jeweiligen System passende Grundierungen, die mit Pinsel oder Rolle aufgetragen werden. Beachten Sie die Herstellerhinweise.

Profitipp
Wenn Sie beim Verarbeiten einer Fließspachtelmasse merken, dass die hier erforderliche Schichtdicke leicht über dem vom Hersteller angegebenen Maximalwert liegt, können sie die Masse durch Unterrühren von Quarzsand standfester machen (maximal 1 Teil Quarzsand auf 2 Teile Spachtelmasse). Allerdings verschlechtern sich dabei die Verlaufeigenschaften, so dass Sie unter Umständen beim Verlaufen etwas nachhelfen müssen.

1

2

Trittschalldämmung

Bei der schwimmenden Verlegung von Holz- und Laminatböden wird grundsätzlich zwischen Unterboden und Oberbelag eine mindestens 2 mm dicke Zwischenlage zur Trittschalldämmung eingesetzt.

1 Hierzu eignen sich **Unterlegebahnen** aus Rippenpappe, Korkschrot, Spezialschaumstoff oder Filz, die als Rollenware erhältlich sind. Es gibt auch Spezialbahnen, die aus verschiedenen Materialien zusammengesetzt sind, so dass sie etwa zusätzlich als Dampfbremse fungieren.

2 Auch bei der Verlegung von Dielenböden auf Lagerhölzern ist eine solche Zwischenlage erforderlich. Zu diesem Zweck werden die Lagerhölzer noch vor dem Einbringen beidseitig mit **Dämmstreifen** aus Korkschrott, Filz oder Ähnlichem versehen. Diese Dämmstreifen kann man aus der oben genannten Rollenware zuschneiden.

Ist die Trittschalldämmung des gesamten Deckenaufbaus grundsätzlich nicht ausreichend, sollten vor der Verlegung des Oberbelags weitergehende Maßnahmen erfolgen. Eine sehr effektive Maßnahme ist die Verlegung eines **schwimmenden Estrichs** auf Zement- oder Anhydritbasis. Dieser benötigt jedoch rund vier Wochen Trockenzeit und kann aufgrund seines Gewichts auch aus statischen Gründen nicht immer eingesetzt werden.

Eine Alternative sind trittschalldämmende **Trockenunterböden**. Sie können problemlos in Eigenleistung eingebracht werden. Trockenzeiten entfallen hier. Bei diesen Systemen kommen je nach Anspruch an die Trittschalldämmung unterschiedliche Materialien zum Einsatz.

Der Schallentkopplung und -dämpfung dient eine Dämmschicht **aus Mineralwolle** oder auch eine Trockenschüttung aus **Perlit** bzw. **Blähton** (***3***). Zur Lastverteilung können **Gipsplatten**, **Holzfaserplatten** oder Ähnliches eingesetzt werden. Der verlegefertige Unterboden wird dann mit **Trockenbodenelementen** aus Gipsfaserplatten oder **Fußbodenverlegeplatten** aus Holzspan hergestellt. Ein umlaufender Randdämmstreifen aus Mineralwolle oder Styropor ist zur Verhinderung von Schallbrücken am Wandanschluss unbedingt erforderlich.

1

2

3

Darauf können Sie bauen!

COMPACT-PRAXIS »do it yourself«

- Jeder Band mit über 200 Abbildungen und instruktiven Bildfolgen – alles in Farbe.
- Übersichtliche Symbole für Schwierigkeitsgrad, Kraftbedarf, Zeitaufwand u.v.m. – alles auf einen Blick.
- Anwenderfreundliche Komplettanleitungen für alle wichtigen Heimwerkerarbeiten – keine schmalen Einzelthemen.
- Mit besonders hervorgehobenen Sicherheits-, Profi- und Ökotips.

Über 50 Titel lieferbar.
Bitte fordern Sie unseren Prospekt an!

DM 19,80

Compact Verlag GmbH
Züricher Straße 29
81476 München
Telefon: 089/7451 61-0
Telefax: 089/75 60 95
Internet: www.CompactVerlag.de

Die wichtigsten Werkzeuge

Auf diesen beiden Seiten finden Sie Kurzbeschreibungen der wichtigsten Werkzeuge, die Sie zum Verlegen von Parkett, Holz- und Laminatböden benötigen. Welche Werkzeuge Sie für die einzelnen Arbeitsgänge und -abläufe brauchen, können Sie den Symbolkästen entnehmen, die jeder Arbeitsanleitung vorangestellt sind.

Werkzeuge zum Messen und Ausrichten

1
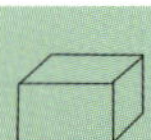

1 **Abstandsklötze/-keile:** Zum Sichern der Dehnungsfuge und zum Verspannen des Holz-/Laminatbodens.

2

2 **Abziehlehre:** Zum planebenen Abziehen von Trockenschüttungen beim Trockenbodenaufbau.

3

3 **Anschlagwinkel:** Zum rechtwinkligen Anreißen von Zuschnitten bei Bodendielen oder Lagerhölzern.

4

4 **Metermaßstab:** Unverzichtbares Hilfsmittel bei Messarbeiten.

5

5 **Schlagschnur:** Für Markierungen und als Orientierungshilfe beim Verlegen.

6
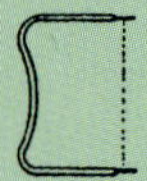

6 **Schlauchwaage:** Für die Erstellung von Meterrissen und als Anhalt bei der Justierung von Lagerhölzern.

7
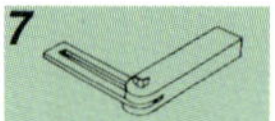

7 **Schmiege:** Zum exakten Abgreifen und Übertragen von Winkeln.

8
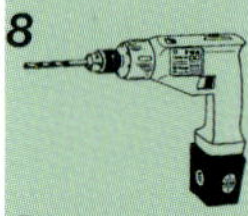

8 **Akkuschrauber:** Für Verschraubungen in allen Werkstoffen.

9
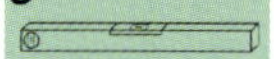

9 **Wasserwaage:** Zum exakten Ausrichten von Unterkonstruktionen und Bodendielen.

Werkzeuge zum Schneiden und Sägen

10
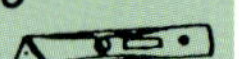

10 **Cuttermesser:** Zum Schneiden verschiedener Materialien.

11
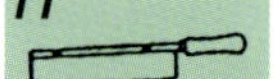

11 **Feinsäge:** Für den Zuschnitt von Fußleisten und zum Kürzen von Türfuttern.

12
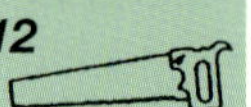

12 **Fuchsschwanz:** Handsäge für verschiedene Zuschnittarbeiten.

13
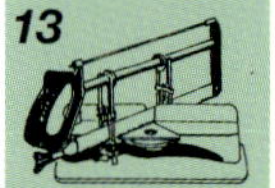

13 **Gehrungssäge:** Für Gehrungsschnitte bei Fußleisten und Metallprofilen (Spezialsägeblatt).

14
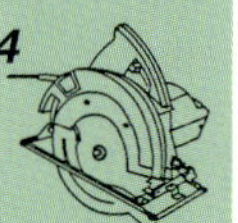

14 **Handkreissäge:** Für Längsschnitte durch Bodendielen und für sonstige Zuschnitte.

15
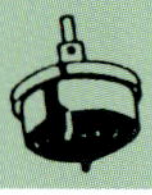

15 **Lochsägevorsatz für die Bohrmaschine:** Zum Bohren in allen Werkstoffen.

16
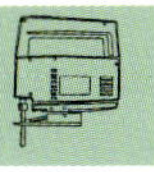

16 Stichsäge: Universell einsetzbare Säge für den Zuschnitt von Holz- und Laminatelementen.

Werkzeuge zur Oberflächenbearbeitung

17
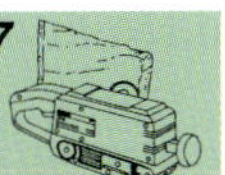

17 Bandschleifer: Zum Grobschliff bei unbehandelten Holzböden.

18
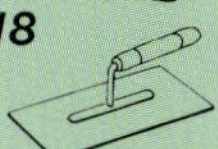

18 Glättkelle: Zum Verziehen von Spachtelmassen und zum Einbringen von Fugenkittmassen.

19

19 Spachtel: Zum Einbringen von Reparaturmassen.

20

20 Rührstab: als Bohrmaschinenvorsatz zum Anmischen von Fließspachtelmassen.

21
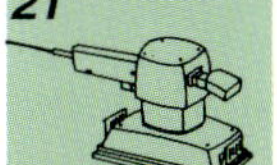

21 Schwingschleifer: Zur Randnachbearbeitung (Feinschliff) beim Parkettschleifen.

22

22 Ziehklinge: Zum Entfernen von Altlack und Verschmutzungen bei der Dielenrenovierung.

23

23 Hartwachsschmelzer: Zur Erhitzung bzw. Verarbeitung von Hartwachs.

24
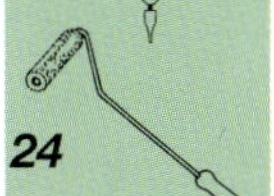

24 Lackierrolle: Zur Imprägnierung und Versiegelung von Holzböden.

Werkzeuge zur Verlegung

25
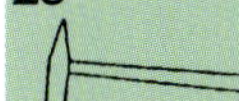

25 Hammer: Zum Nageln, Stemmen und für den Schlagklotz.

26
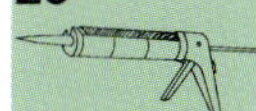

26 Kartuschenspritze: Zur Verarbeitung von Fugendichtstoffen.

27

27 Nagelhalter: Hilfsmittel beim Vernageln von Dielenböden.

28

28 Versenkstift: Zum Einsenken von Nagelköpfen bei der Dielenrenovierung.

29
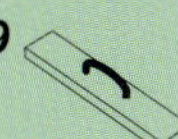

29 Schlagklotz: Zum Ineinanderfügen von Nut und Feder-Verbindungen.

30
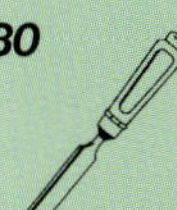

30 Stechbeitel: Als Hebelwerkzeug und für verschiedene Stemmarbeiten.

31

31 Tacker: Zur sicheren Befestigung verschiedener Werkstoffe.

32
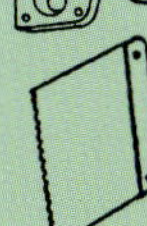

32 Zahnspachtel: Zum Auftragen bzw. Durchkämmen von Parkettkleber.

33
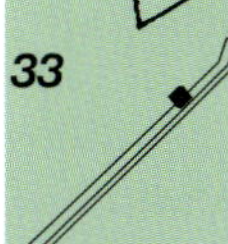

33 Zug- und Schlageisen: Zum Zusammenfügen von Nut-/Feder-Verbindungen bei Holz-/Laminatelementen im Randbereich.

Bedarf ermitteln

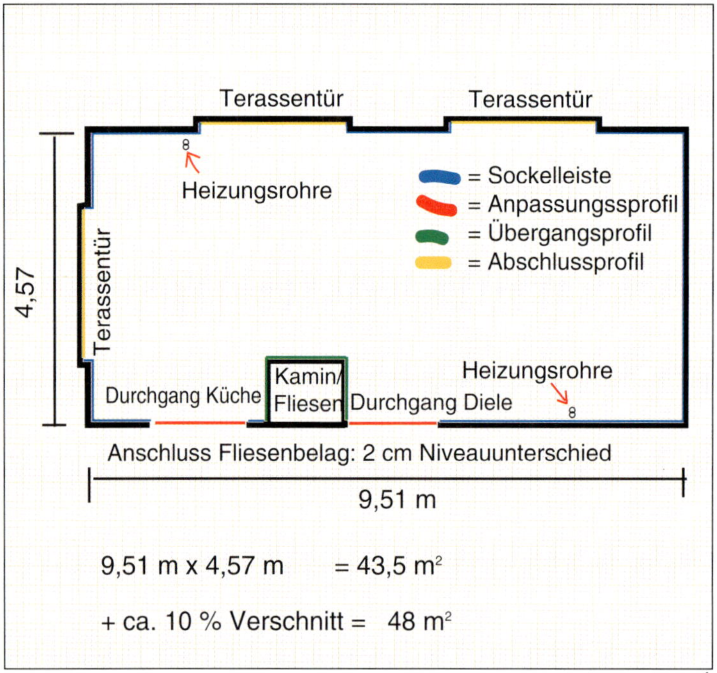

1

2

1 Damit Sie sich bei der Bedarfsermittlung nicht verrechnen und möglichst auch nichts vergessen, sollten Sie den Grundriss der Verlegefläche maßstäblich aufzeichnen. Berücksichtigen Sie dabei auch alle Besonderheiten des Raums, wie Durchgänge, Heizungsrohre, Nischen, angrenzende Beläge etc. Ermitteln Sie zunächst die Verlegefläche. In den meisten Fällen müssen Sie etwa 10 Prozent Verschnitt hinzurechnen. Am besten fragen Sie dazu Ihren Fachhändler. Wenn die Bodenelemente paketweise verpackt sind, wird nun die ermittelte Gesamtfläche durch die auf den Paketen vermerkte Deckfläche geteilt. So ergibt sich die Anzahl der erforderlichen Pakete. Bei schwimmender Verlegung ist meist eine Unterlage nötig. Anhand des Grundrisses und der Rollenbreite lässt sich die benötigte Gesamtlänge ermitteln.

Nun errechnen Sie die Gesamtlänge der Sockelleisten. Auch hier sollten Sie mindestens 10 Prozent Verschnitt berücksichtigen. Auch die Profile für Abschlüsse und Übergänge lassen sich mit der Grundrisszeichnung gut ermitteln. Wird der Belag durch Heizungsrohre unterbrochen, sollten Sie außerdem noch so genannte Heizkörperrosetten besorgen. Denken Sie auch an den erforderlichen Leim sowie gegebenenfalls an Kleber und Fugendichtmasse.

2 Um während des Verlegens Unterbrechungen zu vermeiden, sollten Sie das gesamte benötigte Material, das erforderliche Werkzeug und eventuell nötige Hilfsmittel vor Arbeitsbeginn zusammentragen.

Verlegeuntergrund prüfen

Holz- und Laminatböden können, wie bereits erläutert, auf verschiedenen Untergründen verlegt werden. Allerdings sind dabei einige Voraussetzungen zu prüfen.

1 Der Verlegeuntergrund darf nicht durchfeuchtet sein. Das gilt für Rohbetondecken und Estriche ebenso wie für Holzuntergründe. Wenn Sie diesbezüglich noch Zweifel haben, sollten Sie einen Fachmann hinzuziehen. Wer ganz sicher gehen will, kann die Feuchte messen. Fragen Sie Ihren Fachhändler, ob er Ihnen ein entsprechendes Messgerät leiht.

Profitipp
Bei mineralischen Böden kann man die Feuchte prüfen, indem man über Nacht eine Glasscheibe auflegt. Zeigen sich am nächsten Tag Beschlag oder Tröpfchen, ist der Boden nicht verlegereif. Eine Dampfbremse ist bei mineralischen Untergründen auch unverzichtbar.

2 Die zweite wichtige Voraussetzung ist die Ebenheit des Bodens. Legen Sie an verschiedenen Stellen eine möglichst lange Richtlatte auf und prüfen Sie, ob die Niveauschwankungen im Toleranzbereich von in der Regel maximal 4 mm auf einen Meter (Herstellerangaben beachten) liegen. Falls nicht, ist eine Nivellierung beispielsweise mit einer Spachtelmasse unerlässlich.

3 Besonders dann, wenn Ihr Bodenbelag vollflächig verklebt werden soll, muss die Haftfähigkeit des Untergrunds geprüft werden. Er darf nicht absanden und keine größeren Beschädigungen aufweisen. Gegebenenfalls ist er mit speziellen Grundierungen oder Reparaturspachtelmassen zu behandeln. Verschmutzungen sind in jedem Fall zu entfernen.

Bei alten Holzböden oder Verlegeplatten sollten Sie sicherstellen, dass der Belag keine losen oder knarrenden Stellen aufweist. Gegebenenfalls müssen diese festgeschraubt werden.

Teppichböden sind nur als Verlegeuntergrund geeignet, wenn die Faserhöhe maximal 5 mm beträgt und keine Fußbodenheizung im Einsatz ist (letzteres gilt übrigens auch für PVC und Linoleum). Der Teppichboden sollte vor dem Verlegen gründlich gereinigt und mit Packpapier ausgelegt werden.

1

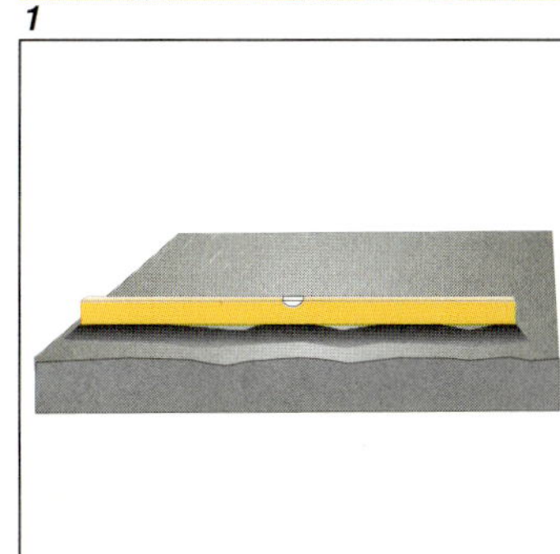

2

3

Trittschalldämmung

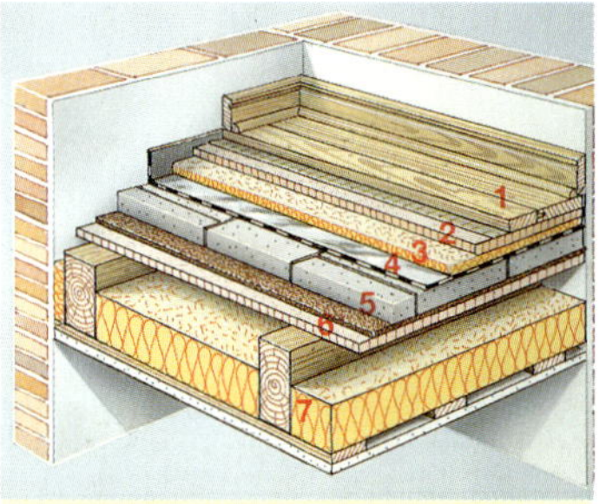

1 Dielen
2 Spanplatte/Rieselschutz (Papier)
3 Trittschalldämmung (Mineralwolle)
4 Dampfbremse (PE-Folie)
5 Beton-Gehwegplatten im Sandbett
6 Spanplatte
7 Hohlraumdämpfung

1

2

3

Da Holz- und Laminatböden keinen nennenswerten Beitrag zur Trittschalldämmung leisten, sollten Sie gegebenenfalls vor dem Verlegen den Bodenaufbau optimieren. Dies gilt vor allem für Holzbalkendecken, die grundsätzlich eine geringe Trittschalldämmung aufweisen.

1 Anders als beim Luftschall ist eine effiziente Trittschalldämmung nur durch das Einbringen schwerer Bauteile möglich. Ein schwimmender Estrich oder eine Schicht aus Beton-Gehwegplatten bringen hier weit mehr als viele Schichten Dämmstoffe. Allerdings ist dies nur bei erhöhten Anforderungen an den Trittschallschutz erforderlich.

2 Für durchschnittliche Bedürfnisse reicht bei Holzbalkendecken ein ganz normaler Trockenbodenaufbau. Dabei wird zunächst eine Trockenschüttung aufgebracht und mittels Richtlatte und zwei Lehren abschnittweise eben abgezogen.

3 Darauf verlegen Sie zur Lastverteilung eine dünne Holzfaser- oder Gipsplatte. Den Abschluss bilden dann Trockenbodenelemente aus Gips, die mit einem Stufenfalz ineinandergreifen. Sie werden im Falzbereich verleimt und verschraubt.

Spachteln und ausgleichen

Ein Trockenbodenaufbau mit einer Trockenschüttung ist ein gutes Verfahren, um Unebenheiten im Untergrund auszugleichen. Sogar auf dem Boden verlaufende Heizungsrohre etc. können so verdeckt werden. Der Nachteil des Trockenbodens liegt in der Aufbauhöhe. Besonders in Dachgeschoss und Keller sind die Räume oft ohnehin sehr niedrig. In einem solchen Fall ist eine Ausgleichsspachtelung die bessere Wahl.

1 Bei mineralischen Böden wird der Untergrund grundiert, größere Schadstellen vorgespachtelt.

2 Die angerührte Spachtelmasse wird anschließend portionsweise ausgegossen und mit einer Glättkelle gleichmäßig auf dem Untergrund verteilt. Die Masse verläuft von selbst zu einer ebenen Fläche. Holzuntergründe dürfen keine losen Elemente aufweisen – gegebenenfalls müssen diese festgeschraubt werden. Zur Haftvermittlung ist hier in jedem Fall der Auftrag einer Grundierung erforderlich. Danach verschließt man alle Fugen mit einer Reparaturspachtelmasse. Dann kann auch hier die Fließspachtelmasse aufgebracht und mit der Glättkelle verteilt werden.

1

2

Verlegefläche einteilen

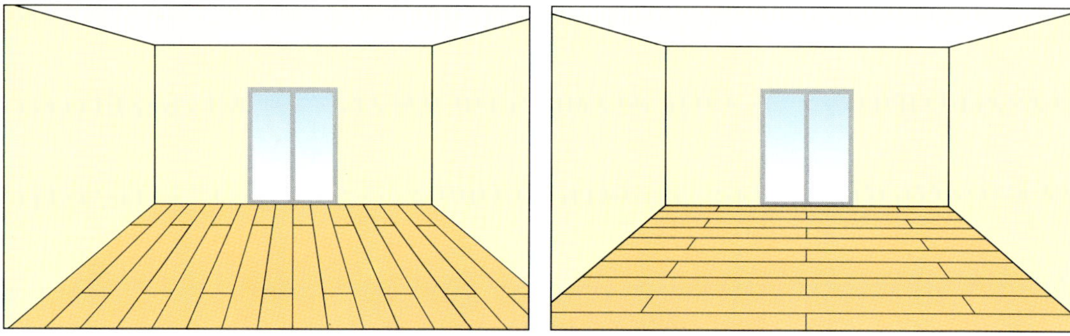

1

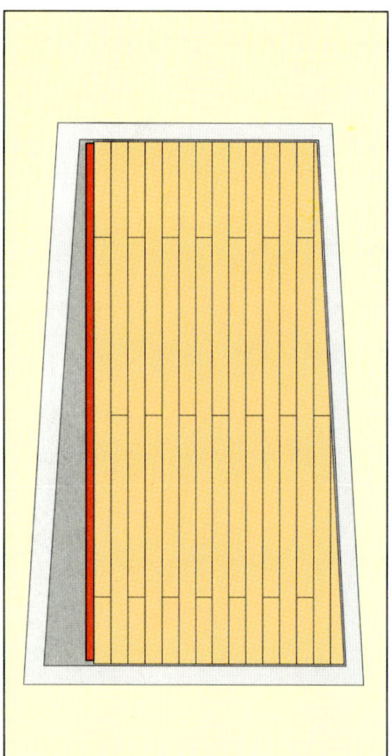

2

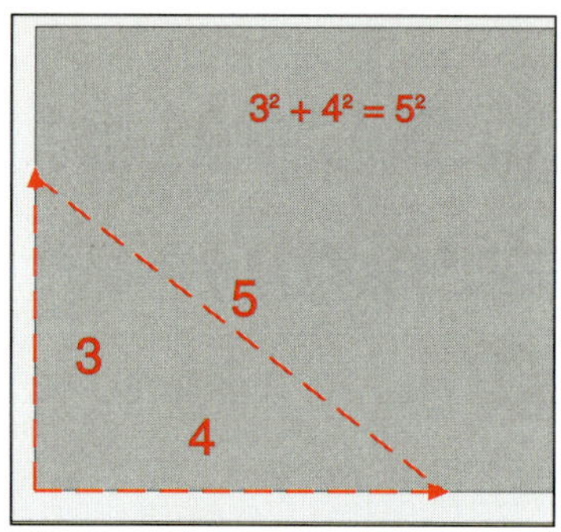

3

1 Für die Verlegerichtung gibt es keine festen Regeln, aber ein paar Grundsätze. In Längsrichtung verlegte Elemente lassen eine Raumachse länger wirken, quer verlegte Elemente verkürzen die Raumachse optisch. Grundsätzlich ist eine Verlegung längs zum Lichteinfall günstig. Auf einem alten Dielenboden sollte man die Elemente quer zum Altbelag ausrichten.

2 Bei schrägen Räumen wird mit Hilfe einer im Unterboden verdübelten Anschlaglatte ein rechter Winkel hergestellt. Ist der Boden in eine Richtung fertig verlegt, wird die Latte entfernt. Dann schieben Sie in die Nut der Anfangsreihe eine passende lose Feder, so dass die restliche Fläche mit der Feder voran ausgelegt werden kann.

3 Mit dem Satz des Pythagoras ($a^2 + b^2 = c^2$) lässt sich die Rechtwinkligkeit eines Raumes prüfen, wenn man die Zahlen 3, 4, 5 bzw. Vielfache davon in die Gleichung einsetzt. Tragen Sie auf einer Seite 3 x (also z. B. für x = 20 cm: 60 cm) auf der anderen 4 x (= 80 cm) ab und verbinden Sie die Endpunkte. Nur wenn die Länge der Diagonale genau 5 x (= 100 cm) beträgt, ist die Raumecke rechtwinklig.

Zuschneiden von Holz- und Laminatböden

1 Die Stichsäge dient beim Zuschneiden von Holz und Laminatböden als Universalwerkzeug. Da die Belagsränder später von einer Fußleiste überdeckt werden, kommt es beim Ablängen der Elemente nicht auf eine exakte Schnittführung an. Daher kann die Stichsäge dazu ebenso eingesetzt werden wie für Ausklinkungen oder zu den im Randbereich mitunter erforderlichen Längsschnitten.

Profitipp
Einen sauberen Schnitt ohne Ausrisse und Splitter erhalten Sie, wenn Sie den Sägeschuh der Stichsäge über die Rückseite der Parkettelemente führen. Für alle Sägen gilt grundsätzlich: Führen Sie die Säge immer so, dass die Zahnung beim Schnitt ins Holz eintaucht.

2 Komfortabler und präziser lassen sich die Elemente allerdings mit einer elektrischen Kappsäge ablängen, die man mieten kann.

3 Die Grundausstattung für die bei den Fußleisten erforderlichen Gehrungsschnitte ist eine Feinsäge mit Gehrungslade. Präziser lässt sich mit einer einstellbaren Gehrungssäge arbeiten.

4 Runde Durchlässe für Heizungsrohre in Holz- oder Laminatelementen kann man recht einfach mit einem Lochsägeaufsatz für die Bohrmaschine fertigen.

5 Mitunter müssen Sie die Türzargen etwas kürzen, um die Bodenelemente unterschieben zu können. Für diese Arbeiten eignet sich eine gekröpfte Feinsäge.

1

2

3

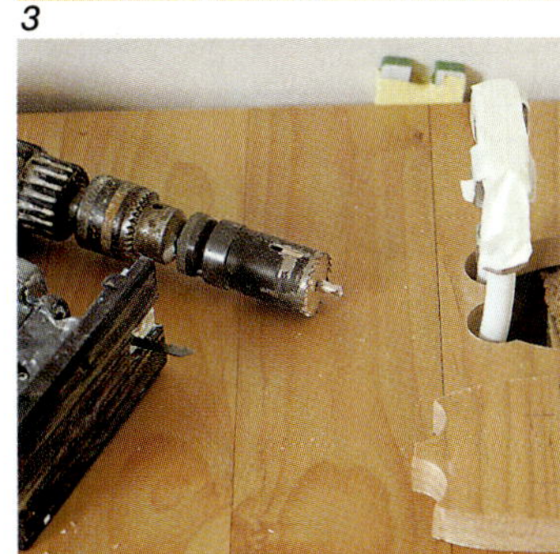

4

5

Verlegetechniken

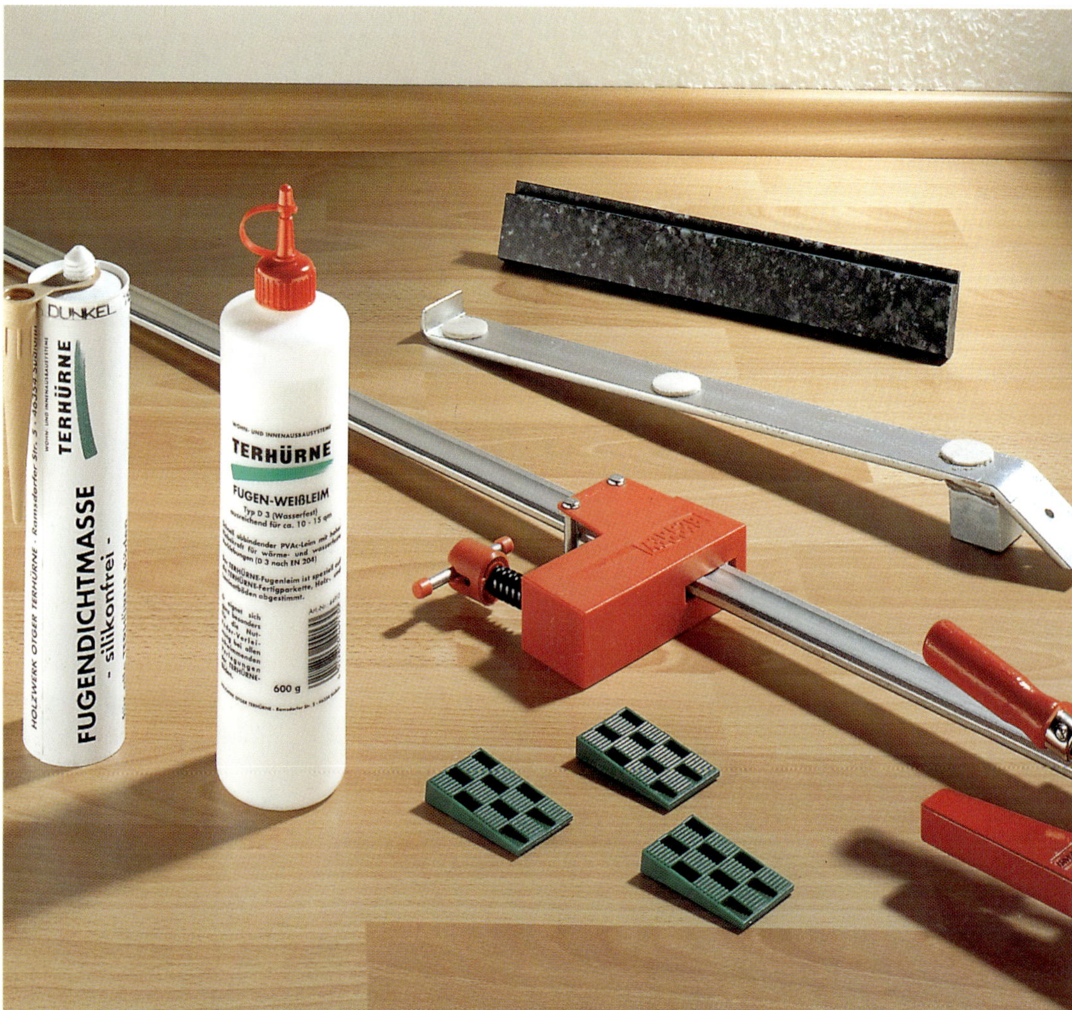

Grundregeln für die schwimmende Verlegung

Schwimmende Verlegung bedeutet, dass der Bodenbelag weder zum Unterboden noch zu den angrenzenden Bauteilen eine feste Verbindung hat. Bei Holz- und Laminatböden wird dies durch eine trittschalldämmende Zwischenlage und durch die Bewegungsfuge an den Belagsrändern gewährleistet. Die Breite der Bewegungsfuge hängt vom verwendeten Material und der Größe der Fläche ab. Befolgen Sie hier unbedingt die Herstellerempfehlungen.

Wie Sie den Unterboden vorbereiten müssen, wurde bereits auf den vorhergehenden Seiten erläutert. Auf diesem werden nun die einzelnen Nut-und-Feder-Elemente mittels Leim zu einer großen freiliegenden Platte zusammengesetzt. Der Leimauftrag erfolgt je nach Material der Trägerschicht vollsatt in die Nut, auf die obere Nutwange oder auf die Feder. Beachten Sie auch hier die Herstellerhinweise. In jedem Fall sollte der Leim beim Zusammensetzen der Elemente nach oben austreten. Nur so ist eine durchgehende Verleimung und damit auch Abdichtung der Stöße gewährleistet (vgl. auch S. 26).

Beginnen Sie möglichst an einer geraden Wand. Zum **Ausrichten der ersten Reihe** benötigen Sie Keile oder Klötze als Abstandshalter für die Dehnungsfuge und zum Ausgleich kleinerer Wandunebenheiten. Wie Sie bei größeren Wandunebenheiten oder schrägem Wandverlauf beginnen, zeigt Abb. 2 auf Seite 36. Um die Elemente möglichst fugenfrei ineinanderzutreiben, verwenden Sie einen Schlagklotz. Er sollte mindestens 40 cm lang sein und aus Holz oder schlagfestem Kunststoff bestehen. In den Randbereichen ist zum Beiziehen der Elemente ein Zugeisen oder ein so genannter Kuhfuß erforderlich. Viele Händler bieten spezielle **Verlegehilfen** zum Kauf oder zur Miete an, die die Fugen fixieren oder sogar die Elemente miteinander verspannen.

1 Das einfachste Hilfsmittel zur Fixierung im Fugenbereich ist Klebeband mit einem Spezialabroller.

2 Darüber hinaus gibt es Spannsysteme, mit denen Sie die Leimfugen zusammenpressen können.

3 Ein besonders effektives Hilfsmittel sind diese Verlegezwingen mit Saughaltern, die auch mitten im Belag eingesetzt werden können.

1

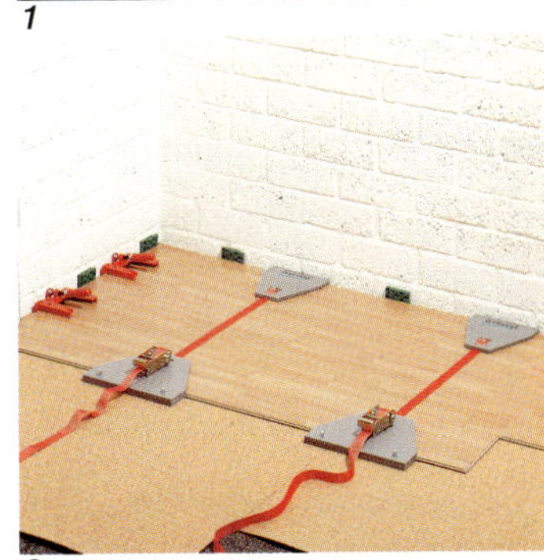
2

3

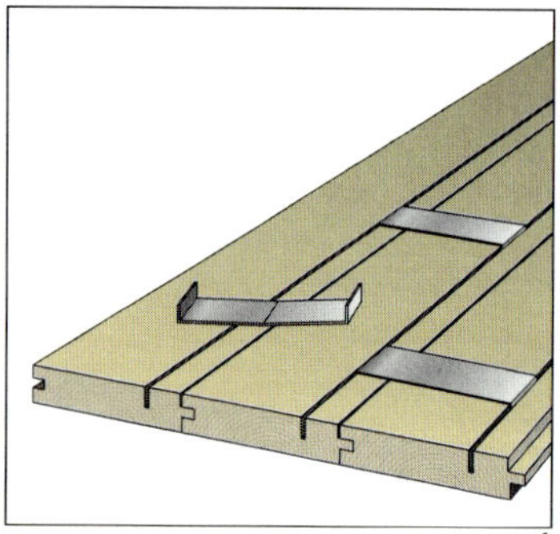

4

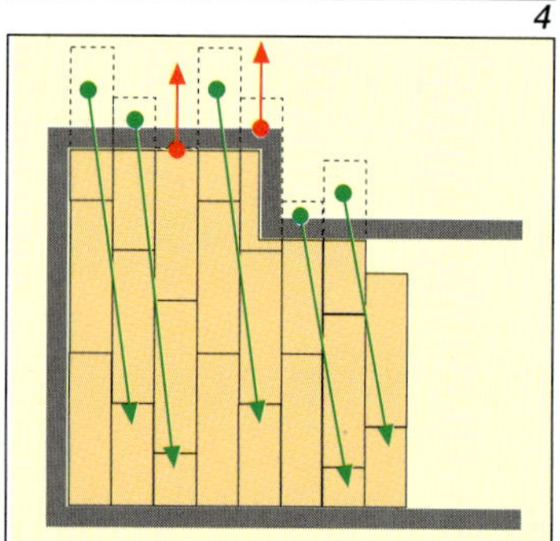

5

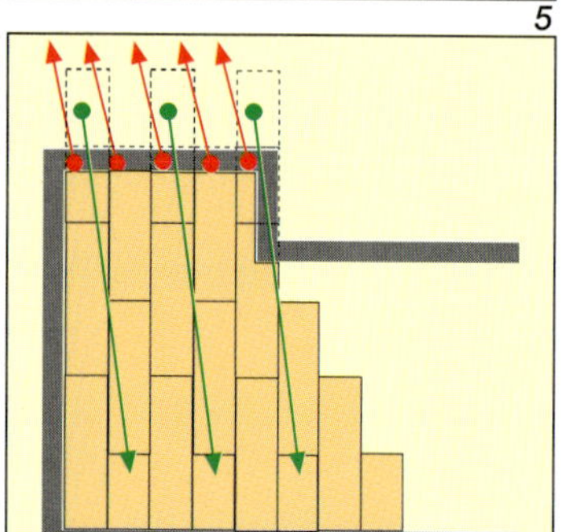

6

Schwimmende Verlegung mit Klammern

Aufgrund ihres bereits erläuterten größeren Bewegungsdrangs ist bei der schwimmenden Verlegung von Massivholzböden besondere Vorsicht angebracht.

4 Speziell für solche Produkte wurde eine Verlegetechnik entwickelt, bei der die Elemente auf der Unterseite von Metallklammern zusammengehalten werden. Verleimt werden hier nur die Stoßfugen. Dadurch bleiben die einzelnen Reihen jeweils für sich beweglich. Die Klammern setzt man beim Verlegen in Nuten auf der Unterseite der Dielen. Eine besondere Werkzeugausrüstung ist nicht erforderlich.

Verlegemuster bei schwimmender Verlegung

5 In der Regel werden Fertigparkett- und Laminatelemente im **endlosen Verband** verlegt: Das Endstück einer Reihe wird als Anfangsstück der nächsten Reihe verwendet. Bei dieser Verlegeart ist der Verschnitt am geringsten. Zwei Regeln sind jedoch zu beachten: Erstens darf das Reststück eine bestimmte Länge nicht unterschreiten und zweitens muss ein ausreichender Stoßfugenversatz gewährleistet sein. Beide Maße variieren je nach eingesetztem Produkt. Beachten Sie die Herstellerangaben.

6 Aus optischen Erwägungen wird mitunter auch ein **regelmäßiger Verband** gewünscht. Dabei haben die Anfangsbretter aufeinanderfolgender Reihen festgelegte Längen. Ein Beispiel zeigt die Grafik.

Auch eine diagonale oder schräge Verlegung der oben genannten Verbände ist möglich. Die Vorgehensweise zeigt Abb. 2 auf Seite 36.

Präzision und einige Erfahrung erfordert die Verlegung spezieller Muster oder mehrfarbiger Beläge, da hier Elemente mitunter so zugeschnitten werden müssen, dass die Anschluss-Nut bzw -Feder nicht mehr vorhanden ist. In solchen Fällen muss mit Hilfe einer Oberfräse eine neue Nut angefräst werden. Stößt danach Nut an Nut, kann man lose Federn aus dem Holzfachhandel zum Einleimen verwenden.

Verlegung von Dielenböden

Beim klassischen Verfahren werden zunächst quer zur Verlegerichtung der Dielen **Lagerhölzer** ausgelegt und mit Hilfe von Holz- oder Kunststoffklötzen höhengleich ausgerichtet. Wie bereits erläutert, sollten die Lagerhölzer aus Gründen der Trittschalldämmung beidseitig mit Presskorkstreifen oder Ähnlichem versehen werden. Der Abstand der Lagerhölzer darf meist 50 cm nicht überschreiten. Zur Hohlraumdämpfung werden die Zwischenräume z. B. mit Mineralwolle gefüllt.

Die Montage der Dielen erfolgt mittels Nägeln oder besser Schrauben. Die erste Dielenreihe wird zunächst auf der Wandseite von oben auf die Lagerhölzer geschraubt. Dabei muss auch hier eine Bewegungsfuge von etwa 15 mm berücksichtigt werden. Auf der anderen Seite erfolgt dann die Verschraubung dieser und aller folgenden Reihen im 45°-Winkel durch die Feder. Verleimt werden bei dieser Verlegetechnik nur die Stoßfugen. Zum Ineinandertreiben der einzelnen Dielen verwendet man auch hier Schlagholz und Zugeisen.

Wie Fertigparkett und Laminatböden können Dielenböden im endlosen oder im regelmäßigen Verband verlegt werden. Allerdings ist hierbei zusätzlich darauf zu achten, dass nicht zwei benachbarte Stoßfugen im gleichen Lagerholz-Zwischenraum aufeinandertreffen. Muster- oder Diagonalverlegungen sind bei Dielen nicht üblich.

Dielen können ebenso auf **flächigen Untergründen** verschraubt werden – beispielsweise auf Fußbodenverlegeplatten aus Pressspan. Manche Hersteller bieten auch Massivholzdielen an, die schwimmend verlegt werden können.

Vollflächig geklebte Parkettbeläge

Die meisten Beläge, die für eine schwimmende Verlegung geeignet sind, können auch flächig verklebt werden. Die Verleimung in Nut und Feder entfällt bei der Verklebung. Dieses Verfahren empfiehlt sich unter Umständen bei Fußbodenheizungen, da so die Wärmeleitung verbessert wird.

Der Klebeauftrag erfolgt in Teilflächen, die der Verlegegeschwindigkeit angepasst sein müssen. Beginnen Sie am besten mit kleinen Flächen. Der Kleber wird mit einem Zahnspachtel (4-mm-Zahnung) in S-förmigen Bewegungen gleichmäßig verteilt. Nach kurzer Ablüftzeit setzt man die Elemente bzw. Stäbe oder Tafeln auf, richtet sie aus und drückt sie ins Klebebett ein. Um einen festen Anhalt zu haben, kann man zunächst eine aus mehreren Elementen zusammengesetzte Anfangsfläche ins Kleberbett einlegen, beschweren und den Kleber antrocknen lassen.

Bei Belägen, die im Verband verlegt werden, gehen Sie ansonsten genauso vor wie bei der schwimmenden Verlegung.

Eine anspruchsvolle Arbeit, die einige Erfahrung erfordert, ist die diagonale Verlegung von Parketttafeln – z. B. Mosaikparkett und die Verlegung von Fischgrät- und anderen Mustern mit einzelnen Parkettstäben. Dabei wird zunächst parallel zur Wand eine Schnur gespannt, an der man die Diagonalen der ersten Elemente ausrichtet.

Beim Fischgrätmuster sollte man mit der ersten Fischgrätdoppelreihe in der Mitte der Verlegefläche beginnen. Am besten richtet man zunächst ein aus mehreren vorverleimten Stäben bestehendes Anfangsstück an der in der Raummitte parallel zur Wand gespannten Schnur aus. Dann verlegt man die Doppelreihe auf beiden Seiten bis zur Wand. Anschließend wird links und rechts der Doppelreihe ebenfalls reihenweise weiterverlegt.

Schleifen

Bei der Verlegung unversiegelter Holzböden und bei der Renovierung von Dielen oder Parkettbelägen ist das Schleifen ein unerlässlicher Arbeitsgang. Es dient der Herstellung einer planebenen und sauberen Fläche, die anschließend versiegelt wird. Angesichts der großen Flächen und des erforderlichen Materialabtrags (etwa 0,5 bis 2 mm) müssen Sie eine Parkettschleifmaschine einsetzen. Solche Maschinen können Sie im Fachhandel oder bei Werkzeugverleihern mieten. Die Bedienung ist allerdings nicht ganz einfach. Versuchen Sie nicht, der Maschine Ihren Lauf aufzuzwingen. Halten Sie sie möglichst ruhig, vermeiden Sie gewaltsame Richtungsänderungen und bleiben Sie bei laufendem Schleifband und abgesenkter Schleifwalze nie auf einer Stelle stehen.

Sicherheitstipp

Leider ist das Bodenschleifen eine recht staubige Angelegenheit. Arbeiten Sie nie ohne Staubfangsack und benutzen Sie zusätzlich in jedem Fall eine Feinstaubmaske. Alte Versiegelungsanstriche und Kleberreste, aber auch der Holzstaub selbst können Ihrer Gesundheit sonst erheblichen Schaden zufügen.

1

1 Geschliffen wird in mehreren Gängen mit immer feiner werdender Körnung. Die Schleifbänder und sonstiges Zubehör erhalten Sie beim Werkzeugverleih. Der Verbrauch richtet sich nach dem Zustand des Bodens.

Die ersten Schleifgänge, bei denen zunächst alle Unebenheiten beseitigt werden, sollten Sie schräg zur Verlegerichtung ausführen. Eine Schleifbahn besteht dabei jeweils aus dem Vorwärts- und dem Rückwärtsschliff. Bei letzterem wird die Maschine ohne Versatz in der Schleifbahn zurückgezogen. Bei jeder neuen Schleifbahn wird die Maschine dann um etwa eine halbe Walzenbreite versetzt. Die letzten Schleifgänge führen Sie bei Belägen mit gleichgerichteten Hölzern in Faserrichtung aus, um eine möglichst glatte Oberfläche zu erzielen.

In den Randbereichen, die das Schleifband der Maschine nicht erfasst, können Sie nun mit dem Band- und Schwingschleifer nacharbeiten. Sie können hierzu aber auch eine spezielle Randschleifmaschine mieten.

Oberflächenbehandlung und Pflege

1

Zur Oberflächenbehandlung von Holzböden gibt es mehrere Möglichkeiten. Man unterscheidet zwischen filmbildenden Versiegelungen, die auf der Holzoberfläche eine Schicht bilden, und Mitteln, die in die Holzoberfläche eindringen und diese imprägnieren.

***1* Versiegelungen** werden in mehreren Gängen mit einer Rolle oder einem Flächenstreicher aufgetragen. Am besten beginnen Sie dabei auf der Seite des Hauptlichteinfalls und arbeiten in maximal 1 m breiten Bahnen quer zum Lichteinfall. Die zweite Schicht wird dann im rechten Winkel dazu aufgebracht. Eine dritte Beschichtung kann, falls erforderlich, danach wieder in Richtung der ersten erfolgen. Achten Sie während den Versiegelungsarbeiten vor allem auf ein gleichmäßiges Raumklima. Ideal sind etwa 20 °C und maximal 65 % Luftfeuchtigkeit. Sorgen Sie für eine gute Belüftung – vor allem bei lösemittelhaltigen Anstrichmitteln. Direkten Zug sowie starke Sonneneinstrahlung sollten Sie allerdings vermeiden.

Für Böden, die verstärkt zur Fugenbildung neigen, wie z. B. Dielen oder Holzpflaster, sind Versiegelungen nur bedingt geeignet: Hier kann es mitunter zu sichtbaren Abrissfugen im Lackfilm kommen.

Profitipp

Beim Versiegeln des frisch geschliffenen Bodens kommt es in der Regel zum Aufquellen und Aufstellen der oberflächlichen Fasern. In diesem Fall ist zwischen erstem und zweitem Anstrich ein Zwischenschliff mit dem Schwingschleifer oder von Hand erforderlich – Schleifkörnung 120 oder feiner.

Diesen Effekt kann man meist vermeiden, wenn man das Holz vor dem Erstauftrag wässert: Dabei befeuchten Sie die Oberfläche z. B. mit einem Deckenstreicher. Die nach dem Trocknen stehenden Fasern können so schon vor Beginn der Versiegelung weggeschliffen werden.

2 Bei einer **Öl-Imprägnierung** tragen Sie das Öl mit Streichbürste oder Roller auf. Nach kurzer Einwirkzeit muss überschüssiges Öl mit einem Gummiwischer abgezogen werden. Dann massieren Sie das Öl mit einem geeigneten Tuch oder Pad ein. Nach 24 Stunden wird dann mit Tuch oder Polierpad nachpoliert.

3 Für diese Arbeiten gibt es übrigens Spezialmaschinen, die Sie wie die Bodenschleifgeräte mieten können. Gerade bei größeren Flächen erleichtern sie die Arbeit erheblich.

4 Bei Korböden kann das Öl auch mit einer Glättkelle verteilt werden.

Die **Reinigung und Pflege** von Holz- und Laminatböden ist sehr einfach, denn ein feuchtes Abwischen genügt. Als Wasserzusatz sollten Sie entsprechende Spezialreiniger verwenden – bei geölten Böden z. B. Holzbodenseife (***5***). Zur Pflege lackierter Oberflächen gibt es Polituren (***6***), bei geölten Böden empfiehlt sich hin und wieder eine Behandlung mit Pflegeöl oder Wachs.

7 Für hartnäckige Verschmutzungen oder Streifen gibt es spezielle Intensiv-Pflegemittel.

2

3

4

5

6

7

Abschlüsse und Übergänge

1

2

Für den Zuschnitt der Fußleisten benötigen Sie eine Gehrungssäge oder eine Feinsäge mit Gehrungslade. Müssen bei langen Wandabschnitten zwei Fußleisten aneinandergesetzt werden, so führen Sie auch den Stoß am besten als Gehrung aus. Einige Hersteller bieten für Ecken und Abschlüsse Abdeckungen aus Metall oder Kunststoff an, die Ungenauigkeiten kaschieren und gleichzeitig optische Akzente setzen.

Es gibt verschiedene Methoden, Fußleisten anzubringen. Die Standardmethode ist das direkte Verdübeln in der Wand. Damit die Fußleiste sich auch bei nicht ganz geraden Wänden gut anlegt, sollten Sie etwa alle 50 cm einen Dübel setzen. Bohren Sie zunächst mit einem Holzbohrer die einzelnen Löcher in die Fußleiste. Legen Sie dann die Leiste an und markieren Sie die Bohrstellen an der Wand. Die Schraubenköpfe bleiben bei dieser Methode allerdings sichtbar.

1 Eleganter und ohne sichtbare Schrauben können Sie Fußleisten mit solchen Kunststoffclips an die Wand bringen. Dabei werden zunächst die zu den Fußleisten passenden Clips an der Wand verdübelt. Auf diese können Sie dann die speziell profilierten Leisten einfach aufstecken.

2 Da am Belagsrand umlaufend eine Bewegungsfuge einzuhalten ist, müssen in der Regel auch die Übergänge zu anderen Belägen abgedeckt werden. Hierzu gibt es Übergangsprofile aus Metall oder auch aus Holz. Sie bestehen meist aus einem Grundprofil, das im Boden verdübelt wird, und dem eigentlichen Abdeckprofil, das man nach dem Verlegen aufsteckt oder aufschraubt. Achten Sie bei der Montage des Grundprofils darauf, dass Sie eine ausreichende Fugenbreite einhalten.

3 Mit Anpassungsprofilen, die auf die gleiche Art montiert werden, lassen sich die Höhenunterschiede zwischen Belägen ausgleichen.

4 Für Anschlüsse an Bauteile, die nicht mit einer Fußleiste ausgeführt werden sollen oder können, gibt es solche Abschlussprofile. Stufenkanten können Sie mit speziellen Treppenkantenprofilen ausführen.

Eine Alternative zu Übergangs- und Abschlussprofilen ist das Ausspritzen der Fuge mit einem Parkettrand-Fugenfüller (vgl. S. 26).

3

4

Dielenboden im Dachgeschoss

Material
Weichfaserdämmplatten, Holzspanverlegeplatten, Randdämmstreifen, Massivholzdielen, Fußleisten, Montageleim (D 3), Nägel oder Schrauben.

Werkzeug

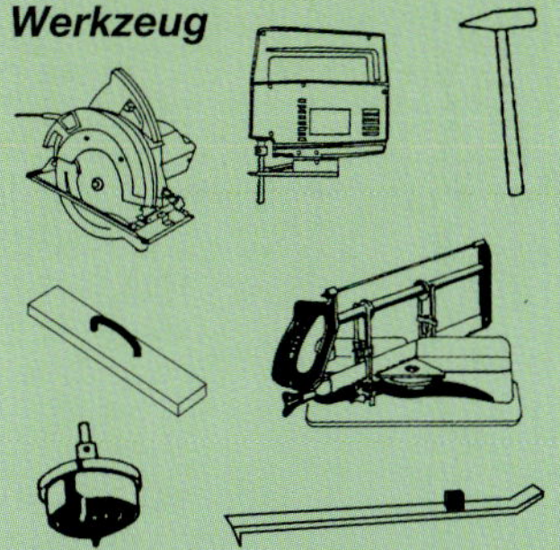

Schwierigkeitsgrad

Kraftaufwand

Arbeitszeit
Für einen 40 m² großen Raum brauchen Sie etwa 5 Tage.

Ersparnis
Bei einer Verlegefläche von 40 m² sparen Sie rund 2 200 DM.

Vor dem Ausbau

Eine kostengünstige Möglichkeit, den Wohnraum zu erweitern, ist der Dachgeschossausbau. In diesem Fall ist durch das Dämmen des Dachs und das Bekleiden der Wände und Schrägen rund 40 m² zusätzlicher Wohnraum entstanden. Nun soll das künftige Dachstudio mit Büroecke komplett mit Massivholzdielen ausgelegt werden, weil ein Dielenboden zur urigen Atmosphäre des liebevoll ausgebauten Dachraums besonders gut passt. Allerdings muss zuvor noch für eine Verbesserung der Trittschalldämmung gesorgt werden: Die lediglich mit Holzspanverlegeplatten abgedeckte Balkendecke des ehemaligen Dachbodens überträgt jeden Schritt fast ungedämmt ins Erdgeschoss. Das Aufbringen eines Estrichs ist in diesem Fall aus statischen Gründen nicht möglich. Wenn man zudem keine allzu großen Ansprüche an den Schallschutz stellt, kann man den Trittschall mit Hilfe einer Zwischenlage aus Weichfaserdämmplatten auf ein erträgliches Maß reduzieren.

1

2

3

4

1 Die Schallentkopplung zu allen angrenzenden Bauteilen wird zunächst durch Mineralwolle-Randdämmstreifen sichergestellt, die man passend zuschneidet und aufstellt.

2 Danach legen Sie den Boden mit Weichfaserdämmplatten aus, die zum einen aufgrund ihrer Druckfestigkeit die Lasten des Bodenaufbaus tragen können, zum anderen durch ihre faserige Struktur eine Trittschallübertragung beträchtlich reduzieren. Vermeiden Sie beim Verlegen Kreuzfugen.

3 Danach wird der Unterboden mit einer weiteren Lage Holzspanverlegeplatten komplettiert. Diese »schwimmen« auf der Dämmschicht und werden lediglich in Nut und Feder verleimt. Bringen Sie den Leim am besten oberhalb und unterhalb der Feder auf. Auch diese Platten verlegt man im Verband, das heißt ohne Kreuzfugen.

Profitipp
Um nachträgliches Schwinden oder Quellen des Bodenbelags zu vermeiden, sollte man die Dielen vor dem Verlegen einige Tage im Verlegeraum lagern; so können sie sich akklimatisieren, das heißt sich der Raumtemperatur und Luftfeuchtigkeit anpassen.

4 Hier sehen Sie den Aufbau des Bodens im Überblick: Eine Sandwichkonstruktion aus Holzspanplatten mit dazwischenliegender Dämmung, darauf der Oberbelag aus Massivholzdielen.

5 Die ab Werk wohnfertig behandelten Massivholzdielen besitzen umlaufend Nut und Feder, so dass sie sich beim Verlegen automatisch zu einer fugenfreien Bodenplatte mit ebener Oberfläche fügen. Eine Verleimung erfolgt nur an den Stirnseiten. Die Dielen werden im unregelmäßigen Verband verlegt, so dass nur sehr geringer Verschnitt entsteht: Das Reststück einer Reihe wird jeweils als Anfangsstück der nächsten benutzt. Allerdings müssen Sie auf ausreichenden Versatz der Kopffugen achten.

5

6

6 Die erste Dielenreihe wird ausgerichtet und zuerst auf der Wandseite randnah auf die Spanplatten genagelt. Dann setzt man eine zweite Reihe Nägel im Winkel von 45° und im Abstand von jeweils etwa 50 cm durch die obere Federnecke.

7 Beim Einsenken der Köpfe ist ein solcher Versenkstift hilfreich.

8 Zum Zusammentreiben der Dielen kann man einen Schlagklotz oder auch ein Dielenreststück verwenden. Weitere Details zur Dielen- und Fußleistenverlegung finden Sie auf den folgenden Seiten.

7

8

Dielenboden im Neubau

Material
Lagerhölzer, Rollenkork, PE-Folie, Nivellierklötze, Klebeband, Mineralwolle-Platten, wohnfertig endbehandelte Massivholzdielen, Montageleim (D3), Spanplattenschrauben, Aluminium-Profile, Fußleisten, Dübel.

Werkzeug

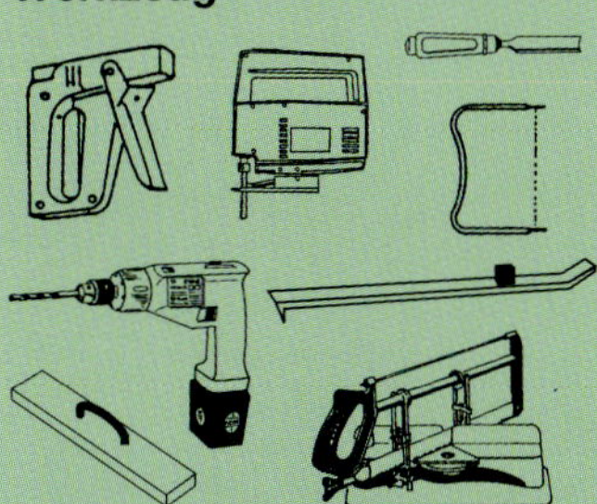

Schwierigkeitsgrad

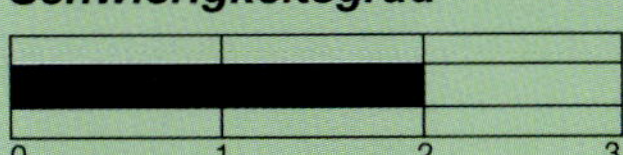

Kraftaufwand

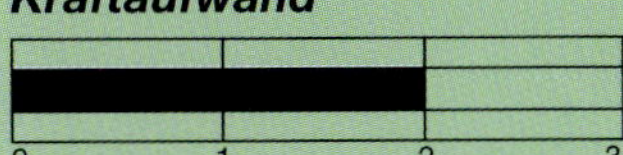

Arbeitszeit
Für einen 40 m^2 großen Raum brauchen Sie etwa 4 Tage.

Ersparnis
Bei einem 40 m^2 großen Raum sparen Sie rund 3 000 DM.

Wer neu baut, muss in der Regel mit spitzem Bleistift rechnen – und hochwertige Böden aus Holz sind ein relativ teurer Bodenbelag. Bei der Entscheidung für Massivholzdielen kann man jedoch die Mehrkosten wettmachen: Weil sie auf Lagerhölzern verlegt werden, kann der Estrich entfallen.

Wenn es um Holz im Neubau geht, ist eines der Hauptprobleme die Baufeuchtigkeit. So darf der Holzboden in jedem Fall erst verlegt werden, wenn die Betondecke trocken ist und feuchtigkeitsintensive Gewerke wie das Verputzen abgeschlossen sind. Auch die Lagerhölzer dürfen maximal 17 Prozent Holzfeuchte aufweisen. Am besten überprüfen Sie diesen Wert mit einem Messgerät.

Die Lagerhölzer werden den Raumabmessungen entsprechend und quer zur Verlegerichtung der Dielen abgelängt und zunächst provisorisch ausgelegt. Aussparungen für Heizungsrohre etc. bringt man mit Hammer und Stechbeitel ein. Diese Arbeit können Sie vereinfachen, wenn Sie den auszustemmenden Bereich vorher mit der Handkreissäge mehrfach einschneiden.

Feuchtemessung

Aussparung anbringen

1

2

3

4

5

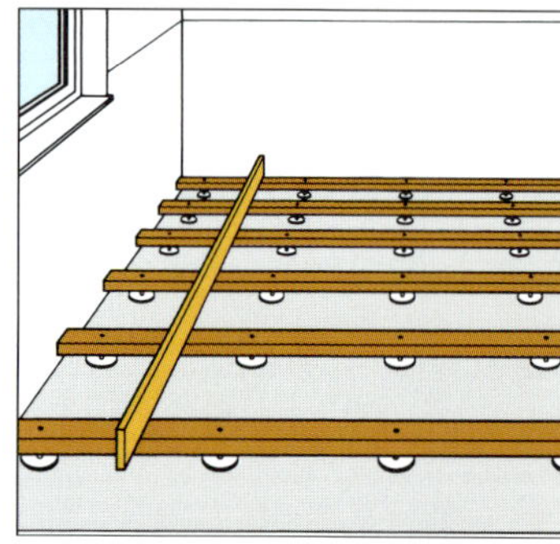

6

7

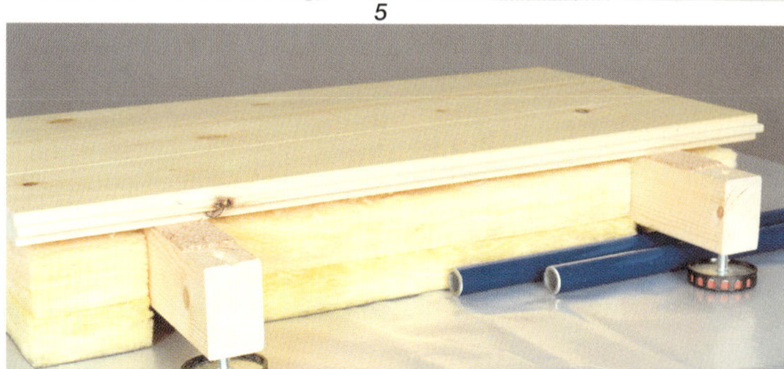

8

1 Die Lagerhölzer erhalten beidseitig eine Trittschalldämmung. Dazu eignet sich Rollenkork. Die einzelnen Streifen kann man mit Hilfe eines Fuchsschwanzes von der Korkrolle abschneiden.

2 Die 2 mm dicken Korkstreifen befestigen Sie mit Tackernadeln auf den Lagerhölzern.

3 Bei der Verlegung von Holzböden auf mineralischen Untergründen ist grundsätzlich eine Dampfsperre empfehlenswert: Die PE-Folie wird in überlappenden Bahnen auf der Betondecke ausgelegt.

4 Nun legen Sie die Lagerhölzer auf. Bei den hier verwendeten, 21 mm dicken und 121 mm breiten Massivholzdielen darf der Lagerholzabstand maximal 50 cm betragen. Das erste und das letzte Holz möglichst randnah setzen.

5 Den Höhenausgleich der Lagerhölzer können Sie sich erleichtern, wenn Sie an mehreren Messpunkten einen sogenannten Meterriss anzeichnen: Bestimmen Sie die Oberkante des fertigen Fußbodens und messen Sie von diesem Punkt 1 m nach oben. Mit Hilfe der Schlauchwaage kann diese Höhenmarkierung nun im Verlegeraum übertragen werden. Die einzelnen Messpunkte setzt man so über einigen Lagerholzreihen, dass die dazwischenliegenden Reihen später mit der Richtlatte überbrückt werden können.

6 Jetzt bringt man diese Bezugshölzer mit Hilfe des Meterrisses exakt auf Höhe. Danach kann man die dazwischenliegenden Reihen mittels Richtlatte justieren.

7 Das Justieren erfolgt durch Unterlegen von Klötzen – z. B. aus Restholz. Besser geht es mit den hier verwendeten Kunststoffklötzen, die es in verschiedenen, farbig markierten Dicken gibt. Man befestigt sie mit Klebeband.

8 Seit kurzem gibt es ein Justiersystem mit verstellbaren Füßen, mit dem der Höhenausgleich noch einfacher und schneller möglich ist, und das zugleich den Trittschallschutz verbessert. Diese »cat-step«-Füße werden in vorgebohrte Löcher auf der Unterseite der Lagerhölzer eingeschlagen und durch Drehen auf Höhe eingestellt.

9 Nach dem Justieren füllt man die Lagerholzzwischenräume mit Dämmmaterial – zum Beispiel mit Mineralwolle. Zwischen Dämmstoff und Oberkante Lagerholz ist auf einen Hinterlüftungsraum von mindestens 5 mm zu achten.

10 Die erste Dielenreihe wird nun mit etwa 15 mm Abstand zur Wand ausgerichtet und auf der Wandseite möglichst randnah auf die Lagerhölzer geschraubt.

9

10

11

12

13

11 Die Dielen verleimt man nur an den Stirnseiten. Dabei gibt man den Leim auf die obere Nutwange.

12 Die weitere Verschraubung erfolgt bei der ersten Reihe wie bei allen folgenden Dielen durch die Feder: Über jedem Lagerholz wird jeweils eine Schraube im 45°-Winkel durch die Federnecke geschraubt. Damit der Schraubenkopf sich völlig einsenkt, sollten Sie vorbohren.

13 Damit keine Fuge zwischen den Dielen bleibt, kann man sie – falls erforderlich – beim Anschrauben mit einem Stechbeitel beiziehen.

14 Das Zusammenfügen der Dielen erfolgt mit dem Schlagklotz.

15 Im Randbereich verwendet man dazu ein Zug- und Schlageisen. Das Passstück am Ende einer Reihe muss in der Regel zugeschnitten werden. Die verbleibende Restdiele dient als Anfangsstück für die nächste Reihe. Bei dieser Verlegeweise im endlosen oder unregelmäßigen Verband entsteht kaum Verschnitt. Allerdings müssen Sie darauf achten, dass der Versatz zwischen zwei Stoßfugen mindestens 30 cm beträgt und dass sich zwei nebeneinanderliegende Stoßfugen nicht im gleichen Lagerholzzwischenraum befinden.

16 Die letzte Dielenreihe muss meist in der Breite angepasst werden. Zum Anreißen der Schnittlinie legt man die Diele bündig auf die vorletzte Dielenreihe, dann richtet man darauf eine zweite, als Anreißhilfe fungierende Diele exakt auf den richtigen Wandabstand aus. Der Vorteil dieser Methode besteht darin, dass die letzte Reihe auch bei nicht genau rechtwinkligen Räumen dem Wandverlauf folgt.
Den Zuschnitt können Sie mit der Stichsäge vornehmen: Leichte Ungenauigkeiten spielen hier keine Rolle, da die Schnittkante später ohnehin von der Fußleiste überdeckt wird.

17 Belagsabschlüsse oder Übergänge zu anderen Bodenbelägen kann man mit Metallprofilen herstellen.

18 Zum Zuschnitt der Fußleisten benötigt man eine präzise einstellbare Gehrungssäge.

19 Die Fußleisten werden in der Wand verdübelt. Leistenstöße an der Wand führt man als Gehrung aus. So fallen Sie weniger auf.

14

17

18

15

16

19

Schlafzimmer mit Fertigparkett

Material

Randdämmstreifen, PE-Folie, Rollenkork o. Ä., Klebeband, Fertigparkettdielen mit Nut und Feder zur schwimmenden Verlegung, Fußleisten, Abschluss- und Übergangsprofile, Montageleim (D3), Fugendichtmasse.

Werkzeug

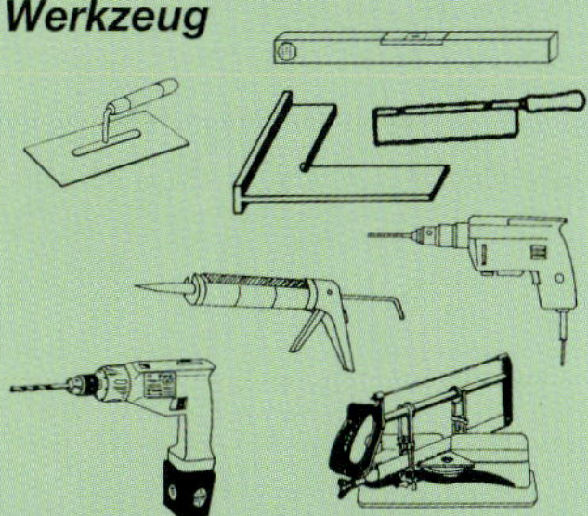

Schwierigkeitsgrad

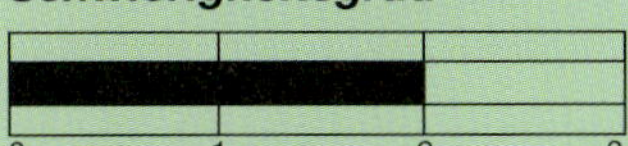

Kraftaufwand

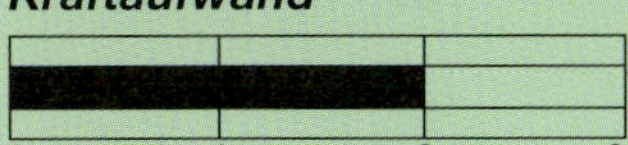

Arbeitszeit

Für einen 20 m² großen Raum brauchen Sie etwa 3 bis 4 Tage.

Ersparnis

Bei einem 20 m² großen Raum sparen Sie für Niveauausgleich und Verlegung rund 1 400 Mark.

Das Schlafzimmer soll einen neuen Bodenbelag erhalten. Sie haben sich für Fertigparkett entschieden. Nach dem Entfernen des alten Teppichbodens stellt sich allerdings heraus, dass der Estrich zu große Niveauunterschiede für die Parkettverlegung aufweist: Bei der Kontrolle mit der Richtlatte ergeben sich Toleranzen von über 5 mm auf 2 m Messstrecke. So muss man also zunächst einmal für einen ebenen Untergrund sorgen.

Relativ einfach geht dies mit einer Fließspachtelmasse, die es für verschiedene Schichtdicken gibt. Hier wurde ein Produkt für 2 bis 20 mm Schichtdicke eingesetzt.

1 Zur Vermeidung von Schallbrücken werden als Erstes alle angrenzenden Bauteile mit einem Randdämmstreifen versehen.

2 Dann rührt man die Spachtelmasse portionsweise an und schüttet sie von einer Zimmerecke ausgehend auf den Untergund.

3 Mit der Glättkelle verzieht man das Material abschnittweise auf die gewünschte Schichtdicke. Die Masse verläuft von selbst zu einer ebenen Oberfläche.

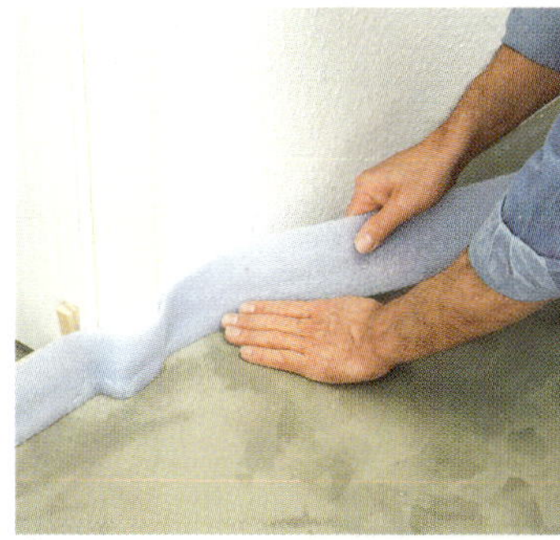

1

2

3

4

5

6

7

8

9

Bevor man auf der nun ebenen Oberfläche mit dem Verlegen beginnen kann, muss die Fließspachtelmasse völlig durchgetrocknet sein, damit die kammergetrockneten Parkettdielen nach dem Verlegen nicht durch Feuchteeinfluss quellen. Beachten Sie hierbei unbedingt die Herstellerangaben.

4 Als zusätzliche Sicherheit gegen Feuchteeinwirkung von unten sollte man mineralische Untergründe grundsätzlich mit einer PE-Folie von mindestens 0,2 mm Dicke abdecken. Die Folie wird in einzelnen Bahnen ausgelegt, deren Stöße mindestens 20 cm überlappen müssen. Sichern Sie die Überlappung mittels Klebeband.

5 Auf der Folie wird nun eine Unterlage verlegt: Rippenpappe, Schaumfolie oder Rollenkork eignen sich hierzu.

6 Hierbei rollt man die Bahnen parallel zur Verlegerichtung aus. Die Stöße fixiert man wieder mittels Klebestreifen.

7 Beginnen Sie mit der Verlegung der Parkettdielen möglichst in einer rechtwinkligen Raumecke. Die erste Dielenreihe so verlegen, dass die Nutseite zur Wand zeigt. Bei einer schwimmenden Verlegung muss rund um die Belagsfläche eine Dehnungsfuge von 15 mm berücksichtigt werden. Diese sichert man durch das Einstecken von Keilen oder Klötzchen.

8 Die Verlegung der ersten Reihe erfolgt zunächst ohne Verleimen. Beim gebräuchlichsten Verlegemuster – dem endlosen Verband – wird das Passstück am Ende der Reihe einfach aus einer Diele passend abgeschnitten. Das jeweilige Reststück wird dann als Anfangsstück der nächsten Reihe verwendet. Die Länge des Passstücks können Sie ausmessen oder einfach übertragen: Drehen Sie die Diele um 180°, so dass die Anschlussseite zur Wand zeigt und reißen Sie mit Hilfe eines Anschlagwinkels die Schnittlinie an. Dielenzuschnitte müssen eine bestimmte Mindestlänge haben, die je nach Produkt und Hersteller variieren kann. Beachten Sie hier in jedem Fall die beiliegenden Verlegehinweise. Sollte das ausgemessene Reststück nicht mehr der Mindestlänge entsprechen, muss die erste Diele der Reihe gekürzt werden. Den Zuschnitt mit Kapp-, Handkreis- oder Stichsäge so ausführen, dass die Sägezähne beim Schnitt in die Sichtseite eintauchen: Sägen Sie mit der Stichsäge von unten, mit Kapp- oder Kreissäge von oben.

9 Wenn die erste Reihe komplett ist, können Sie die Dielen an den Stirnenden verleimen: Der Leim wird bei Fertigparkett grundsätzlich auf der oberen Nutwange aufgetragen. Dazu dreht man die Parkettdiele am besten mit der Sichtseite nach unten, so dass Sie die Leimflasche exakt führen und den Leimauftrag sehen können.

10 Das letzte Dielenstück wird mit dem Zugeisen eingepasst. Richten Sie nun die Dielenreihe nochmals exakt aus und setzen Sie zum Fixieren die Keile ein.

11 Nun kann die zweite Dielenreihe verlegt werden. Beim Leimauftrag auf den Längsseiten gehen Sie genauso vor wie oben beschrieben. Beim Zusammenfügen mit Hilfe des Schlagklotzes soll der Leim in der Fuge austreten. Er muss möglichst sofort mit einem feuchten Tuch weggewischt werden.

12 Bei der letzten Dielenreihe kann man den Schlagklotz nicht einset-

10

11

12

13

14

15

zen. Hier erfolgt das Zusammenfügen wieder mit Hilfe des Zugeisens. In den meisten Fällen wird die letzte Dielenreihe nicht exakt passen und muss in Längsrichtung zugeschnitten werden. Auch diesen Schnitt können Sie mit einer Stichsäge ausführen. Es spielt keine Rolle, wenn der Schnittverlauf nicht ganz gerade ist, da die Bewegungsfuge später ohnehin von der Fußleiste überdeckt wird.

13 Die Verkeilung sollte man erst entfernen, wenn der Leim getrocknet ist. Warten Sie mindestens zwei Stunden.

14 Die Verlegung in der Fläche geht in der Regel recht schnell voran. Leider stößt man in den meisten Räumen aber auf einige Hindernisse, deren fachgerechte Einbindung etwas Zeit kostet.
Ein Beispiel sind die Türzargen. Falls möglich sollten Sie sie mit Hilfe eines Dielenreststücks und einer Handsäge so kürzen, dass die Diele sich unterschieben lässt. Auch hier müssen Sie an die Bewegungsfuge denken: Schieben Sie die Diele nur so weit ein, dass ausreichend Luft bleibt. In der Regel muss die Diele in diesem Bereich ausgeklinkt werden. Die Ausklinkung wird auf der Diele angerissen und möglichst exakt mit der Stichsäge ausgeschnitten.

15 Einen ansprechenden Abschluss im Zargenbereich kann man mit einem speziellen Dichtmittel aus der Kartusche herstellen.

16 Wenn der Belag nach einigen Stunden begehbar ist, wird die Fußleiste montiert. Grundsätzlich können Sie hierzu neben den traditionellen Parkettleisten auch andere Zierleisten einsetzen. Sie sollten an ihrem unteren Ende aber wenigstens 20 mm breit sein, damit sie die Bewegungsfuge überdecken. Im hier gezeigten Fall wurden Fußleisten verwendet, die man auf spezielle Klammern aufdrücken kann: Die Klammern werden im Abstand von etwa 50 cm in der Wand verdübelt.

17 Einen fachgerechten Belagsabschluss – z. B. in der Türlaibung – können Sie auch mit einem Übergangs-, Anpassungs- oder Abschlussprofil ausführen.

18 Um die Oberfläche des neuen Belags zu schonen, sollten Sie in jedem Fall unter allen Möbeln Filzgleiter anbringen.

16

17

18

Ein mehrfarbiger Fertigholzboden

Material
OSB-Fertigholzboden mit Nut und Feder zur schwimmenden Verlegung, Klebeband, Fußleisten, Abschluss- und Übergangsprofile, Montageleim (D3)

Werkzeug
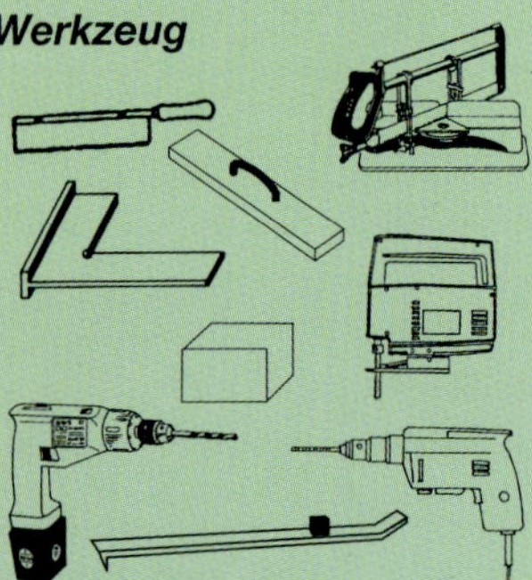

Schwierigkeitsgrad

Kraftaufwand

Arbeitszeit
Für einen 20 m² großen Raum brauchen Sie etwa 2 Tage.

Ersparnis
Bei einem 20 m² großen Raum sparen Sie für Niveauausgleich und Verlegung rund 800 DM.

OSB-Platten – ursprünglich als Werkstoff für konstruktive Aufgaben entwickelt – haben aufgrund ihres ästhetisch ansprechenden Oberflächenbilds längst auch im dekorativen Bereich Boden gut gemacht – im wahrsten Sinn des Wortes. Inzwischen bietet der Handel Fertigholzböden aus diesem Werkstoff, deren rundum mit Nut und Feder versehene Elemente genau wie Fertigparkettelemente verlegt werden können. Diese Fertigholzböden aus OSB sind unbehandelt und wohnfertig versiegelt in verschiedenen Einfärbungen erhältlich. Da sie deutlich preiswerter sind als massive oder schichtverleimte Holzböden, stellen Sie eine Alternative gerade auch für Funktionsräume im Wohnbereich dar: Büro, Werkstatt, Hobbyraum.

1 Die Verlegung der Elemente kann wie bei Fertigparkett im unregelmäßigen Verband erfolgen. Es gelten die gleichen Verlegeregeln (vgl. S. 58ff.). Sehr effektvoll sind Farbkombinationen.

2 Eine Besonderheit der hier eingesetzten Elemente liegt darin, dass sie mit 30 x 60 cm genau doppelt so lang wie breit sind: So können die Elemente auch würfelförmig verlegt werden, was besonders bei Farbmustern Ihrer Kreativität ganz neue Möglichkeiten eröffnet (vgl. Foto Seite 64).

3 Hier wurde immer ein Streifen quer und ein Streifen längs verlegt.

4 Mit farbigen Streifen wurde bei diesem Beispiel eine Nutzungsachse des Raums bewusst betont.

1

2

3

4

Massives Fertigparkett

Material
Massivholz-Fertigparkett zur Bügelverlegung, Metallbügel, Dampfbremsfolie, Montageleim (D3); gegebenenfalls: Materialien zum Bodenausgleich und/oder zur Wärmedämmung.

Werkzeug

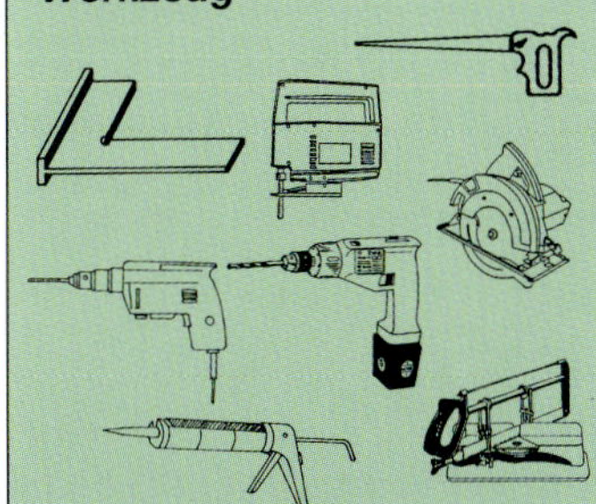

Schwierigkeitsgrad

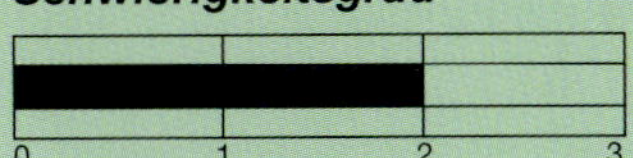

Kraftaufwand

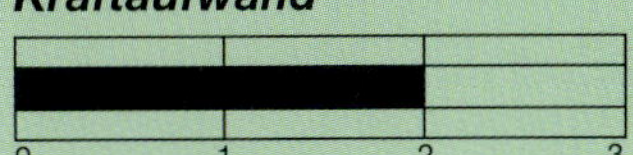

Arbeitszeit
Für einen 20 m² großen Raum brauchen Sie etwa 2 Tage.

Ersparnis
Bei einem 20 m² großen Raum sparen Sie rund 1 200 DM.

Die Vorzüge eines massiven Holzbodens wurden schon angesprochen: Er kann wesentlich öfter aufgearbeitet werden, so dass seine Lebensdauer viele Jahrzehnte beträgt. Ganz abgesehen davon ist für manchen Puristen auch nur eine durchgehend naturgewachsene Parkettdiele wirklich echt.
Weil Holz aber unter Temperatur- und Feuchteeinwirkung zur Bewegung neigt, sind bei einem massiven Boden andere Verlegetechniken erforderlich: Die traditionellen Verfahren sind das vollflächige Verkleben und das Vernageln oder Verschrauben der Stäbe bzw. Dielen. Eine schwimmende Verlegung – ohne feste Verbindung zum Untergrund und den angrenzenden Bauteilen – war bis zur Entwicklung des hier gezeigten Bügelsystems auch bei hochwertigen und ausgesuchten Hölzern riskant, da Fugen- und Rissbildung sowie das Schüsseln kaum kontrollierbar sind.

1 Neben klassischen Fertigparkettdielen gibt es zur Verlegung im Bügelsystem auch das »Schiffsparkett«, das werksseitig am Fugenstoß mit einem dauerhaft elastischen Neoprenstreifen ausgestattet ist, so dass der Belag eine rustikale, an echte Schiffsböden erinnernde Optik erhält.

Schiffsboden

1

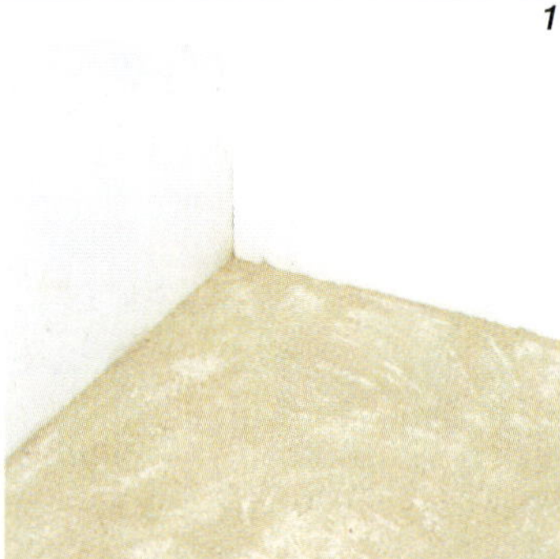

2

3

4

5

6

1 Das Bügelsystem: Die Edelstahlbügel halten den Belag zusammen, lassen den einzelnen Dielen jedoch Bewegungspielraum.

2 Wichtig ist ein trockener und ebener Untergrund: maximal 2 mm Niveautoleranz auf 1,5 m.

3 Mitunter ist eine Wärmedämmung erforderlich. Entsprechend standfeste Dämmplatten kann man direkt mit Parkettdielen belegen.

4 Die Zwischenlage auf dem Estrich besteht in der Regel aus einer Dampfbremse und einer Ausgleichslage aus Rollenfilz oder Ähnlichem. Manche Hersteller bieten Kombifolien an, die in einem Zug verlegt werden können.

5 Die Bügel sind in verschiedenen Längen erhältlich. Achten Sie darauf, das zu Ihren Dielenabmessungen passende Produkt zu kaufen.

6 Die Dielen werden im unregelmäßigen Verband verlegt: Das Reststück des letzten Dielenzuschnitts fungiert als Anfangsstück der Folgereihe. Legen Sie die erste Reihe zunächst lose aus – Nutseite zur Wand – und schneiden Sie das Dielenendstück auf Maß. Dann werden die Bügel in die Nut auf der Unterseite eingeschlagen. Der jeweils erste und letzte Bügel soll im Mittel 8 cm Abstand zur Wand haben, der Abstand der Bügel zueinander soll bei der ersten Reihe etwa 40 cm, bei den folgenden etwa 70 cm betragen.

7 Die Dehnungsfuge von mindestens 15 mm wird durch Keile oder Klötze gesichert.

8 Die Bügel sollten von Reihe zu Reihe etwas versetzt eingeschlagen werden.

9 Nur die Nut-Feder-Verbindung an den Hirnstößen wird verleimt.

10 Die Dielen fügt man mit Schlagklotz und Hammer zusammen. Durch das Niederdrücken der Diele greifen die Bügelenden in die unterseitige Nut.

11 Bis zur dritten Reihe sollten die Dielenstöße um mindestens 25 cm versetzt liegen.

12 Ab der vierten Reihe sollte der Versatz der Dielenstöße dann wenigstens 8 cm betragen. Nun können Sie von der bereits verlegten Fläche aus weiterarbeiten.

7

8

9

10

11

12

13

16

14

17

15

18

13 Bei Ausklinkungen für Heizungsrohre muss ebenfalls eine Dehnfuge berücksichtigt werden. Runde Ausklinkungen lassen sich mit der Lochsäge herstellen.

14 Das keilförmig ausgeschnittene Stück kann zum Schluss mit Leim wieder eingesetzt werden.

15 Die letzte Dielenreihe wird in der Breite angepasst. Das geht am besten mit der Kreissäge.

16 Die letzte Dielenreihe kann man oft nicht mit Bügeln verlegen. In diesem Fall wird sie mit der vorletzten Reihe verleimt.

17 Damit die Leimfuge hält, müssen Sie die Dielen gut anpressen und verkeilen.

18 Die Überdeckung der Dehnungsfugen erfolgt mittels Sockelleisten, die man je nach Wandbeschaffenheit in der Wand vernagelt oder verdübelt. Wenn Sie auf die hier gezeigte Art vorgehen, sitzt die Sockelleiste gut auf dem Belag auf.

Rechts sehen Sie weitere Verlegebeispiele: Eiche Classic (***19***), Buche gefärbt (***20***, ***21***), Buche Variation Schiffsparkett (***22***).

19

21

20

22

Korkparkett im Kinderzimmer

Material
PE-Folie, Schaumfolie o. Ä., Korkparkett mit Nut und Feder zur schwimmenden Verlegung, Zierleisten, gegebenenfalls Abschluss- und Übergangsprofile, Montageleim (D3).

Werkzeug
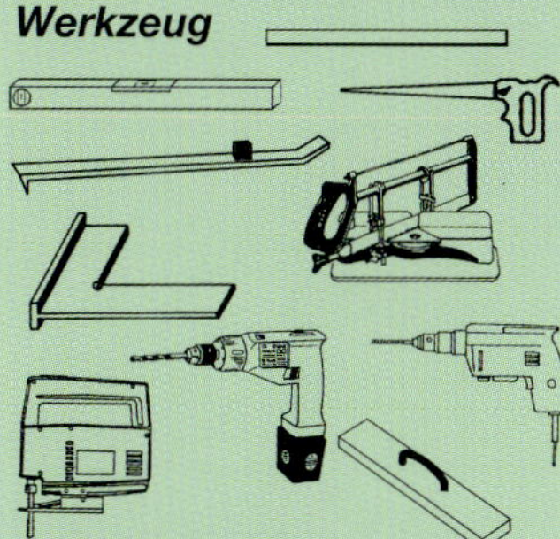

Schwierigkeitsgrad
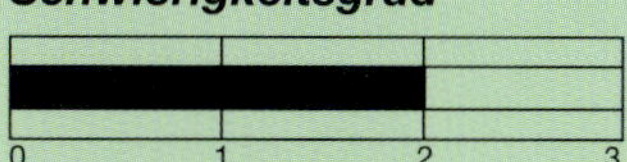

Kraftaufwand
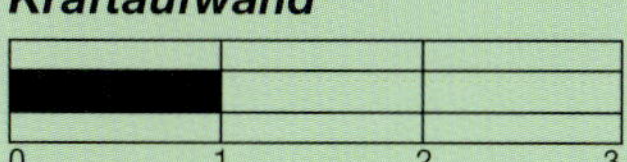

Arbeitszeit
Für einen 20 m² großen Raum brauchen Sie etwa 2 Tage.

Ersparnis
Bei einem 20 m² großen Raum sparen Sie rund 800 DM.

Nicht nur fürs Kinderzimmer ist Kork der ideale Bodenbelag. Denn Kork ist physiologisch wärmer als Holz, dämmt den Schall besser und ist noch trittelastischer. Nicht umsonst liegt dieses Material, das in nachhaltigem Abbau aus der Rinde der Korkeiche gewonnen wird, auch im restlichen Wohnbereich als Bodenbelag voll im Trend.

Bis vor einigen Jahren konnte man Bodenbeläge aus Kork allerdings nur in Form von Presskorkplatten erwerben, die vollflächig auf den Untergrund geklebt werden mussten. Mit der Entwicklung des Korkfertigparketts gibt es eine hochwertigere und verlegefreundlichere Alternative, die ohne großen Werkzeugaufwand auch von einem Laien verarbeitet werden kann. Auch das Korkparkett gibt es in wohnfertig versiegelter oder gewachster Ausführung, so dass kein Schleifen und Versiegeln erforderlich ist. Und wenn Sie den Korkboden in häuslichen Feuchträumen einsetzen wollen, reicht eine einfache Nachversiegelung mit Wasserlack.

Verlegewerkzeuge

1

2

3

4

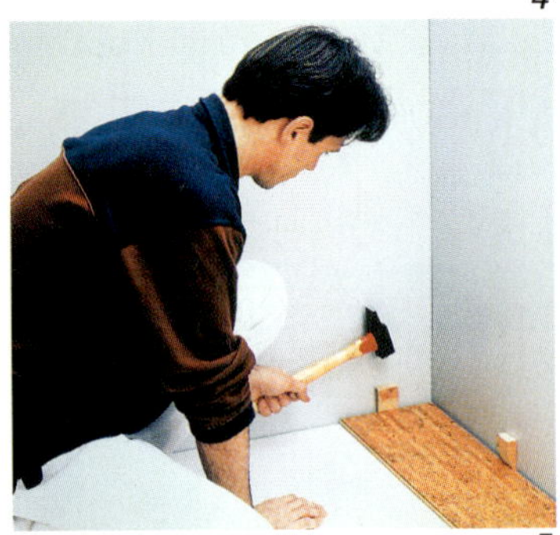

5

6

7

1 Am besten ermitteln Sie vor dem Verlegen die Raummaße und teilen Sie durch Länge bzw. Breite der Korkparkettelemente: Aus dem jeweiligen Rest ergibt sich die Länge des Passstücks der ersten Reihe und die Breite der letzten Reihe. Falls das Passstück zu kurz würde, kann man die erste Diele entsprechend kürzen; ist die letzte Reihe zu schmal, kann man durch Zuschnitt der Dielen in der ersten Reihe für Ausgleich sorgen.

2 Als Unterlage wird eine 2 mm dicke Schaumstofffolie ausgerollt. Die Bahnen verlegt man auf Stoß in Verlegerichtung und verbindet sie mit Klebstreifen.

3 Die erste Diele wird mit Hilfe von Keilen so ausgerichtet, dass zu den angrenzenden Wänden eine etwa 10 mm breite Dehnungsfuge verbleibt (je nach Raumgröße auch mehr).

4 Nun messen Sie das Passstück nochmals exakt aus – berücksichtigen Sie auch hier die Dehnungsfuge. Der Zuschnitt kann mit Stichsäge oder Fuchsschwanz erfolgen.

5 Auch bei den Korkparkettelementen wird der Leim jeweils auf die obere Nutwange gegeben. Jede einzelne Reihe muss nach dem Einpassen des letzten Elements mit einem Holzkeil verspannt werden, damit der für die Leimverbindung erforderliche Anpressdruck gewährleistet ist.

6 So arbeiten Sie sich Reihe für Reihe durch die Verlegefläche. Das Reststück einer Reihe wird wie üblich als Anfangsstück für die nächste Reihe verwendet, wobei die Stoßfugen allerdings jeweils um mindestens 30 cm versetzt sein sollten. Die letzte Reihe wird durch Längsschnitt angepasst und mit Hilfe eines Hebelwerkzeugs eingeschoben. Das mit Nut und Feder ausgestattete Trägermaterial des 3 mm dicken Korkfurniers besteht aus MDF. Dadurch sind besonders maßgenaue Profilierungen möglich, was sich beim leichtgängigen Zusammenschieben der Elemente beweist: Das Schlagholz ist hier nicht immer nötig.

7 Die Fußleiste muss nicht aus den traditionellen Parkettleisten bestehen – die es übrigens auch mit Korkfurnier gibt. Hier wurde eine 12 mm dicke, grau lackierte Zierleiste für den Belagsabschluss verwendet.

Profitipp
Die Fußleiste muss immer so bemessen werden, dass eine ausreichende Überdeckung der Dehnungsfuge auf der ganzen Länge gewährleistet ist.
Großflächige Leisten brauchen übrigens nicht genagelt oder verdübelt zu werden: Sie können auch einfach mit Montagekleber befestigt werden, den man in einem wellenförmigen Wulst aufträgt.

8 Die Nutzschicht ist hier aus einzelnen Korkfurnierstücken zusammengesetzt. Es gibt auch Oberflächen aus Presskork.

9 Akzente kann man auch durch werksseitig farbig behandelte Elemente setzen, die Sie natürlich auch kombinieren können.

8

9

Ein Laminatboden auf zwei Ebenen

Material
Laminatelemente mit Nut und Feder zur schwimmenden Verlegung, Klebeband, 10-mm-Spanplatte, Fußleisten, Treppenabschluss- und Übergangsprofile, Montageleim (D3), Parkettkleber, Fugendichtmasse.

Werkzeug

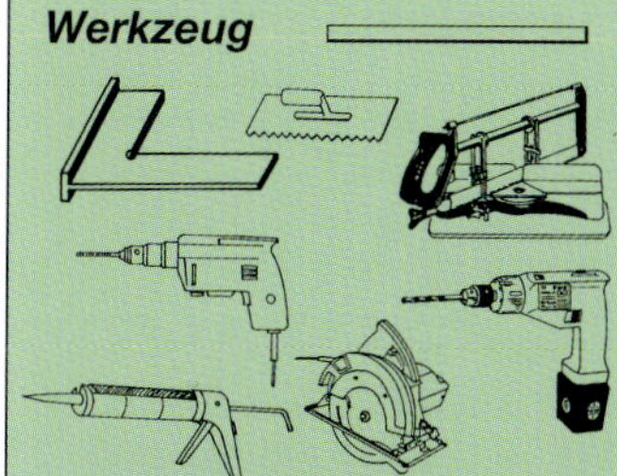

Schwierigkeitsgrad

Kraftaufwand

Arbeitszeit
Für einen 50 m² großen Raum brauchen Sie etwa 3 bis 4 Tage.

Ersparnis
Bei einem 50 m² großen Raum sparen Sie rund 2 000 DM.

In Ihrer Wohnung ist der Bodenbelag stark abgenutzt und dringend renovierungsbedürftig. Ein dekorativer Laminatboden soll nun für neuen Glanz sorgen. Allerdings weist der Raum ein Hindernis auf, das eine Sonderbehandlung erfordert: Treppenstufen, die Wohn- und Essplatz verbinden.

Was Sie bei der Laminatverlegung beachten müssen und wie Sie dieses »Stufenproblem« meistern können, sehen Sie auf den folgenden Seiten.

Im Prinzip unterscheidet sich die Verlegung eines Laminatbodens kaum von der Verarbeitung von Fertigparkett. Auch hier werden die einzelnen Dielen auf einer trittschalldämmenden und ausgleichenden Zwischenlage schwimmend verlegt, das heißt nur in Nut und Feder verleimt.

Solange kein Muster aus zwei oder mehreren Dekoren ins Spiel kommt, verlegt man auch hier im unregelmäßigen Verband. Da im vorliegenden Fall (siehe Abb. unten) ein kurzfloriger und eben verlegter Teppichboden vorhanden ist, kann auf die Zwischenlage verzichtet werden.

Laminatbelag für Fußboden und Treppenstufen

1

2

3

Lediglich beim Verleimen gibt es graduelle Unterschiede zwischen Fertigparkett und Laminatböden: Da die Fugen bei Laminat aufgrund des Trägermaterials in besonderer Weise vor dem Eindringen von Feuchtigkeit geschützt werden müssen, gibt man den Leim hier großzügig auf die Feder und die obere Stirnseite.

1 Der Leim soll beim Zusammenpressen der Elemente über die ganze Länge der Nut gleichmäßig austreten. Nur dann ist gewährleistet, dass die Stirnseiten der Elemente vollflächig verleimt sind. Den Leimüberschuss entfernt man sofort mit einem feuchten Tuch.

2 Da Leim sich nicht als Füllstoff eignet – seine Klebefestigkeit lässt dann rapide nach, ist der Anpressdruck entscheidend für die Haltbarkeit der Leimverbindung. Wenn Sie nicht über spezielle Verlegezwingen verfügen, sollten Sie die verleimten Elemente gleich nach dem Anpressen mit Klebeband zusammenhalten.

3 Auch aus optischen Gründen sollen natürlich keine Fugen im Belag bleiben. Handhaben Sie das Zug- und Schlageisen jedoch mit wohldosierter Kraft: Zuviel Gewalt kann auch bereits verlegte Elemente wieder auseinandertreiben.

4 Holzkeile und Zulagen sorgen für Anpressdruck auf die Kopfstöße.

5 Auf die Stufenflächen der betonierten Treppe werden zunächst dünne Spanplattenzuschnitte als homogener Unterbau für die weiteren Verlegearbeiten gedübelt.

6 Auf die Spanplatten schraubt man nun spezielle Treppenabschlussprofile. Diese können mit einem Metallsägeblatt auf der Gehrungssäge exakt zugeschnitten werden.

7 Im Treppenbereich verklebt man den Laminatboden vollflächig. Der Parkettkleber wird mit einem Zahnspachtel aufgetragen.

8 Nun kann man das zugeschnittene Laminatelement auflegen und andrücken.

9 Da die Spanplatte an der senkrechten Stufenfläche hier so zugeschnitten wurde, dass unten eine Fuge offen blieb, kann anschließend das hintere Passstück mühelos eingeschoben werden.

4

5

6

7

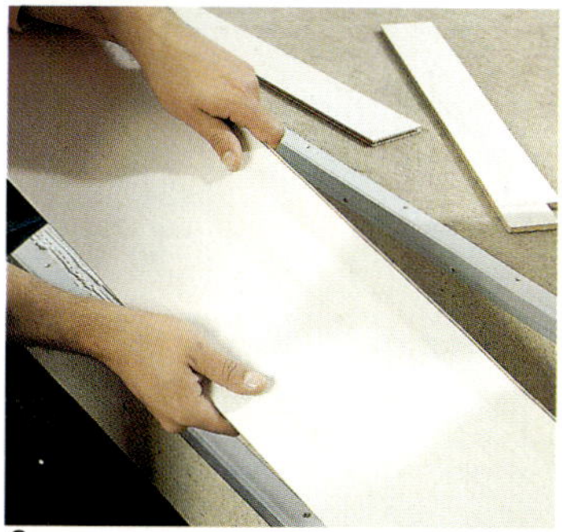
8

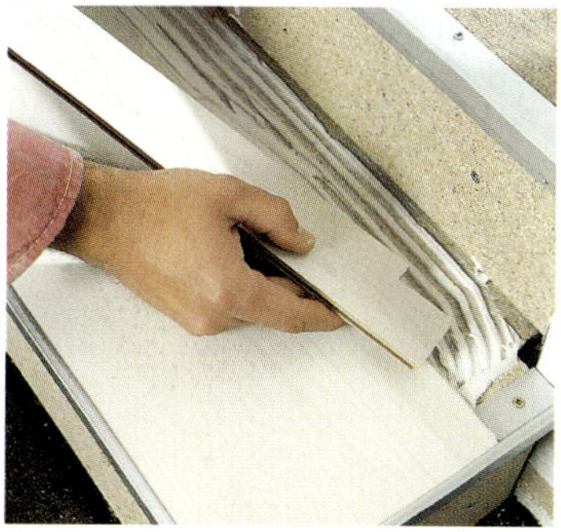
9

10

11

12

10 Durch das farbliche Absetzen der Treppenstufen mit weißen Laminatelementen wird die Raumgliederung akzentuiert. Damit die obere Stufe die gleiche Breite hat wie die untere, muss man die erste Laminatreihe entsprechend zuschneiden.

11 Beim Zusammenfügen der Elemente wird mit Hilfe des Schlagholzes immer erst die Längsseite eingeschlagen, dann die Stirnseite. Auch hierbei sollten Sie mit dosierten Hammerschlägen arbeiten und keinesfalls Gewalt anwenden.

12 Nun beklebt man auch die senkrechten Flächen mit Laminat. Die Eckverbindung der Laminatelemente an der unteren Stellstufe wurde auf Gehrung ausgeführt. Die 45°-Gehrungsschnitte lassen sich mit einer entsprechend einstellbaren Handkreissäge herstellen.

13 Zum Schluss verkeilt man die Konstruktion so, dass bis zum Austrocknen des Klebers nichts verrutschen kann.

14 Anders als bei Holzzargen ist das Kürzen einer Stahlzarge nicht möglich. Hier muss das Laminatelement passend ausgeklinkt werden.

Ein Laminatreststück fungiert dabei als Parallelanreißer. Legen Sie das zuzuschneidende Element einige Millimeter zur Wand hin versetzt (Dehnungsfuge!) auf die vorletzte Reihe und übertragen Sie dann mit Hilfe des Reststücks die Kontur der Türzarge.

15 Die Ausklinkung kann nun ohne jede Messarbeit passgenau mit der Stichsäge hergestellt werden. Die verbleibende Fuge im Zargenbereich wird später mit einer speziellen Fugenmasse aus der Kartusche ausgespritzt.

16 Wie immer benötigen Sie zum Einfügen der letzten Reihe das Zug- und Schlageisen. Wenn die Fuge geschlossen ist, wird der Boden bis zum Trocknen des Leims verkeilt – am besten entfernen Sie die Keile erst am nächsten Tag.

17–18 Der Übergang zu einem angrenzenden Fliesenbelag darf ebenfalls nicht ohne Dehnungsfuge erfolgen. Die Fuge kann entweder dauerelastisch ausgespritzt oder mit einem Übergangsprofil überdeckt werden. Das hier verwendete Profil hat auf seiner Unterseite eine Führung, in die man einfach die Einschlagdübel einschiebt.

13

14

15

16

17

18

Holzboden ölen

Material
Holzpaste, Imprägnierwachs, Hartwachsöl, Pflegemittel.

Werkzeug

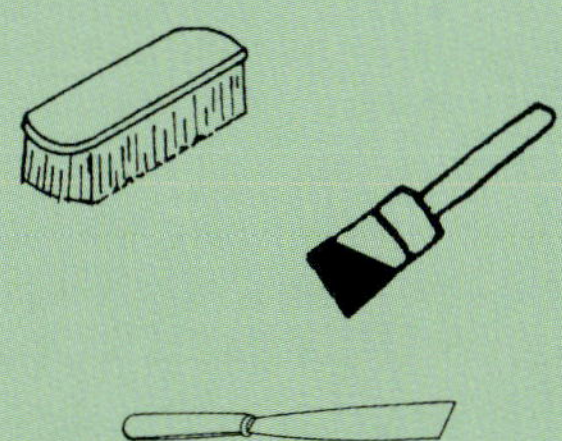

Schwierigkeitsgrad

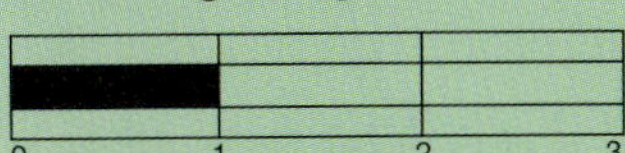

Kraftaufwand

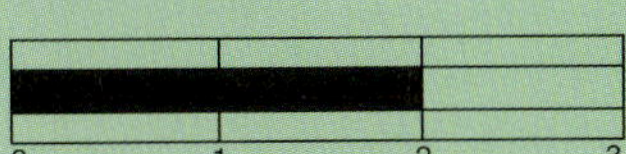

Arbeitszeit
Für einen 20 m² großen Raum brauchen Sie etwa 2 Tage.

Ersparnis
Bei der Oberflächenbehandlung eines 20 m² großen Raums mit Öl sparen Sie rund 500 DM.

Wem Holz pur am liebsten ist, der sollte seinen Holzboden mit einem Öl behandeln: Öl bildet keinen Film auf der Oberfläche wie Lackversiegelungen, sondern zieht in das Holz ein und imprägniert es. So bleibt der natürliche Holzcharakter weitgehend erhalten.

1 Bevor unbehandelte Dielen verlegt werden, versieht man sie allseitig mit einer Imprägnierung.

2 Risse, Fugen und andere Fehlstellen werden vor der Ölbehandlung mit Holzpaste ausgebessert.

3 Zum Aufbringen des Öls von Hand benötigen Sie lediglich eine Streichbürste, einen Pinsel und ein Polierkissen.

Ökotipp
Öle und Wachse zur Fußbodenimprägnierung enthalten Lösemittel. Arbeiten Sie nur in gut belüfteten Räumen. Achten Sie beim Kauf darauf, dass es sich um ein benzolfreies Produkt handelt, das keine bioziden Wirkstoffe enthält. Nach dem Austrocknen sollte die Imprägnierung speichel- und schweißecht sein.

1

2

3

4

5

6

7

8

9

4 Mit dem Pinsel streichen Sie Randbereiche und andere mit der Bürste schlecht erreichbare Stellen. Das Öl sorgfältig aufbringen und gründlich ausstreichen.

5 Nun wird das Öl abschnittsweise aufgeschüttet und verteilt.

6 Dazu eignet sich eine Streichbürste. Tragen Sie das Öl dünn, aber flächendeckend auf und beachten Sie, dass keine Überschüsse auf der Fläche bleiben. Nach frühestens acht bis zehn Stunden kann in gleicher Weise der zweite Anstrich erfolgen.

7 Sinnvoll ist eine gründliche Erstpflege des Bodens mit dem zum System gehörigen Pflegemittel nach zwei bis drei Tagen: So verstärken Sie nicht nur Glanz und Maserung, die Holzoberfläche erhält auch einen zusätzlichen Schutz.

8 Das Pflegemittel wird auf Glanz poliert. Ein Polierkissen eignet sich nur bei relativ kleinen Flächen.

9 Bei größeren Projekten empfiehlt es sich, zum Verteilen des Öls sowie zum Aufbringen und Polieren des Pflegemittels eine Bürstenmaschine auszuleihen.

Bescheid wissen und Geld sparen beim Hausbau

Der Bauherr – das Magazin für Massivbau und Fertighaus.

Mit den topaktuellen Informationen über

- Baufinanzierung
- Energiesparen
- Einrichtung
- Innenausbau
- Messeneuheiten
- Rechtsfragen

96 Seiten zweimonatlich

Nur 6,80 DM

bei Ihrem Zeitschriftenhändler

Fordern Sie gleich Ihr kostenloses Schnupperexemplar an:

Compact Verlag GmbH
Züricher Straße 29
81476 München
Telefon: 089/745161-0
Telefax: 089/756095
www.compactverlag.de

Alles, was der Bauherr wissen muß – von der Planung bis zum Einzug!

Parkettboden kleben

Material
Parkettstäbe, Parkettkleber, Holzleim, Fußleisten, Schleifmittel für Parkettschleifmaschinen, Parkettsiegel.

Werkzeug
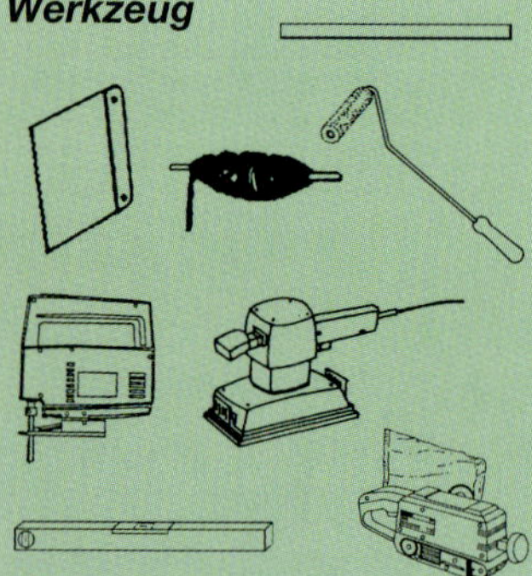

Schwierigkeitsgrad

Kraftaufwand
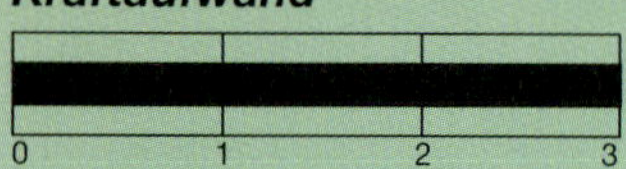

Arbeitszeit
Für einen 20 m² großen Raum brauchen Sie mit Schleifen und Versiegeln etwa 7 Tage.

Ersparnis
Bei einer 60 m² großen Wohnung sparen Sie rund 1 800 DM.

Wenn die baulichen Voraussetzungen stimmen, ist das Kleben von Parkettstäben oder Mosaikparkett auch in Eigenleistung möglich.

1 Die Trockenheit, Oberflächenfestigkeit und vor allem Ebenheit des Untergrunds muss sorgfältig geprüft werden. Maximale Niveautoleranzen sind 4 mm auf 1 m Messstrecke.

2 Der Kleber muss für den Untergrund geeignet sein. Verwenden Sie einen möglichst lösemittelfreien Kleber auf Dispersionsbasis.

3 Das Kleberbett wird abschnittweise vollflächig aufgezogen und mit dem Zahnspachtel durchgekämmt. Dann legt man den Parkettstab ein und drückt ihn an. Vor allem die Belagsränder können bis zum Abbinden des Klebers beschwert werden, um ein Auswandern zu vermeiden.

4 Beginnen Sie mit dem Verlegen in einer Raumecke. Sehr hilfreich ist es, zunächst ein Anfangsstück aus mehreren Stäben herzustellen. Dazu werden die Stäbe mit der Oberfräse genutet und dann mittels Hartholzfedern verleimt. Auch beim Verkleben ist eine Dehnungsfuge erforderlich, die mit Keilen oder Klötzen gesichert wird. Kontrollieren Sie ständig die Ausrichtung der Stabreihen mittels Schnur und Richtlatte. Beim regelmäßigen Verband müssen die Kopffugen in einer Linie verlaufen.

5 Wie der Belag nach dem Verlegen geschliffen und versiegelt wird, können Sie ab Seite 90 nachlesen.

1

2

3

4

5

Schäden ausbessern

Material
Lackstift, Reparaturpaste für Holz oder Laminat, Hartwachsstangen, 2-Komponenten-Kittmaterial, Parkettpflegemittel, Nitroverdünnung.

Werkzeug

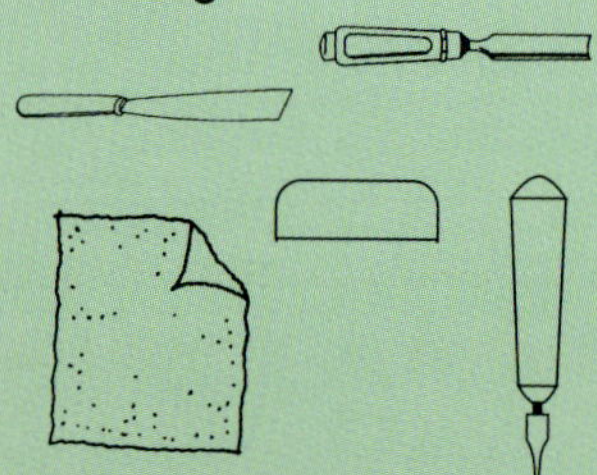

Schwierigkeitsgrad

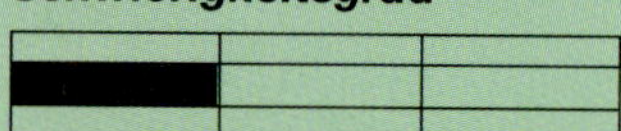

Kraftaufwand

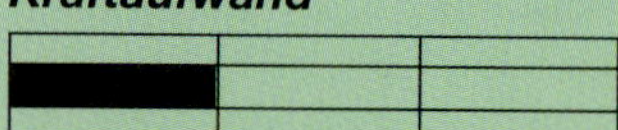

Arbeitszeit
Die Arbeitszeit richtet sich nach Größe und Umfang der Schäden.

Ersparnis
Die Ausbesserung von Kleinschäden durch Profis ist meist recht teuer, weil sie auf Stundenbasis ausgeführt wird. Eine Handwerkerstunde kostet – mit regionalen Unterschieden – derzeit um die 70 DM.

1

1 Zur schnellen Behebung von Schäden in der Holzoberfläche kann man eine transparente Reparaturmasse verwenden.

2 Für kleine Kratzer gibt es auch farblich passende Lackstifte.

3 Manche Hersteller bieten Reparaturpasten an, die z. B. genau auf die verschiedenen Laminatdekore abgestimmt sind. Etwas aufwendiger sind die folgenden Methoden zur Reparatur von Kleinschäden an Holzböden. Allerdings ist die Schadstelle hier nach der Behandlung kaum noch zu identifizieren.

4 Druckstellen und Kerben kann man mit Hartwachs reparieren. Zunächst schabt man Lack und lose Teile mit einem Stechbeitel aus.

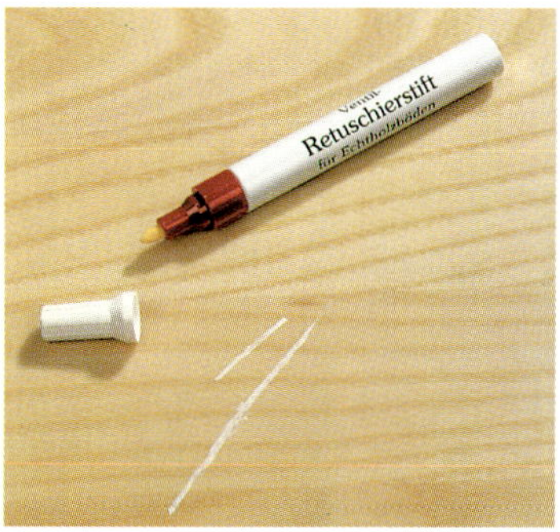

2

3

Dann legt man zwei Hartwachsstangen bereit, wovon die eine einem helleren, die andere einem eher dunkleren Farbton der Holzmaserung gleichen sollte. Das Wachs wird von der Spitze des Schmelzgeräts in die Schadstelle eingetropft, beginnend mit dem helleren Wachs, und dann immer abwechselnd, so dass die Farbtöne sich verteilen und mischen. Die Schadstelle soll 1 bis 2 mm überfüllt werden. Nach etwa einer Minute können Sie das Hartwachs mit einer Ziehklinge vorsichtig plan abziehen. Mit der Nitroverdünnung werden anschließend die Wachsreste von der Lackoberfläche entfernt. Zum Schluss poliert man die Stelle mit einem Lackpflegemittel.

5 Ganz ähnlich verfahren Sie bei Kratzern: Auch hier wird in die von losen Teilen und Lackresten befreite Schadstelle abwechselnd ein helleres und dunkleres Hartwachs eingetropft. Achten Sie beim Abziehen mit der Ziehklinge darauf, die umliegende, noch unversehrte Lackoberfläche nicht zu beschädigen. Die weitere Behandlung erfolgt wie oben erläutert.

6 Bei großflächigeren Beschädigungen empfiehlt sich die Verwendung eines Zwei-Komponenten-Kitts: Nach dem Ausschaben der Schadstelle wird die gut durchgemischte Masse mit dem Kunststoffspachtel in die Schadstelle gedrückt und sofort mit der Ziehklinge plan abgezogen. Falls das Kittmaterial beim Aushärten schrumpft, wiederholt man den Vorgang. Zum Schluss mit Pflegemittel polieren.

4

5

6

Holzboden renovieren

Material
Schleifmittel für Parkettschleifmaschinen, Wasserlack.

Werkzeug

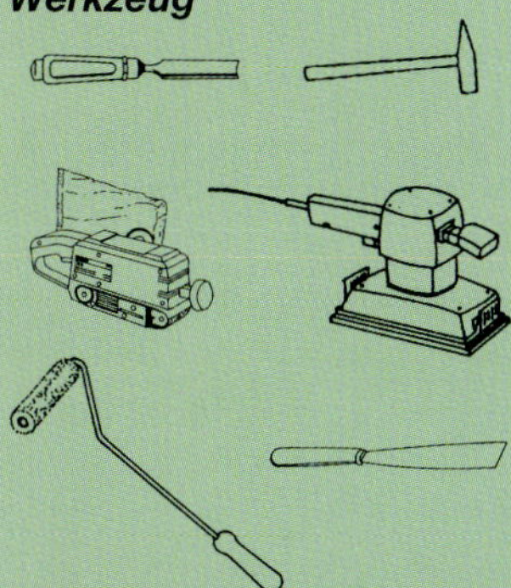

Schwierigkeitsgrad

Kraftaufwand

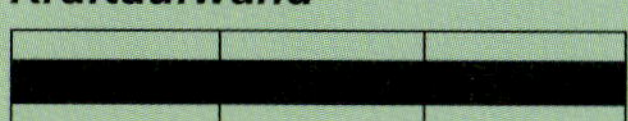

Arbeitszeit
Für einen 20 m² großen Raum brauchen Sie je nach Zustand des Bodens etwa 4 bis 6 Tage.

Ersparnis
Für das Schleifen und Versiegeln sparen Sie je nach Zustand des Bodens 1 000 bis 1500 DM.

Der »Zahn der Zeit« nagt auch an Holzböden: Schadhafte Stellen in der Versiegelung, Eindrücke und Kratzer entstehen zwangsläufig im Lauf der Jahre. Auf keinen Fall sollten Sie ihren Holzboden in solch einem Fall vorschnell aufgeben. Oft lässt er sich ohne allzu großen Aufwand wieder aufarbeiten. Als erstes sind einige vorbereitende Arbeiten erforderlich:

1 Wenn die Fußleiste genagelt ist, kann sie mit Hebelwerkzeugen entfernt werden. Aber gehen Sie vorsichtig vor, damit der Putz nicht mit den Nägeln herausbricht.

2 Aufgerissene oder abgesplitterte Stellen und lose Teilstücke können Sie in der Regel mit Parkettleim wieder aufkleben. Am besten beschweren Sie die Klebestelle, bis der Leim trocken ist.

3 Ältere Dielenböden sind meist auf die Unterkonstruktion (in der Regel auf Lagerhölzer) genagelt. Wenn die Nägel durch die Dielenoberfläche gesetzt wurden, müssen sie vor dem Schleifen des Bodens versenkt werden – je nach dem zu erwartenden Schleifabtrag um 1 bis 2 mm. Sonst beschädigen die Nagelköpfe das Schleifmittel.

1

2

3

1

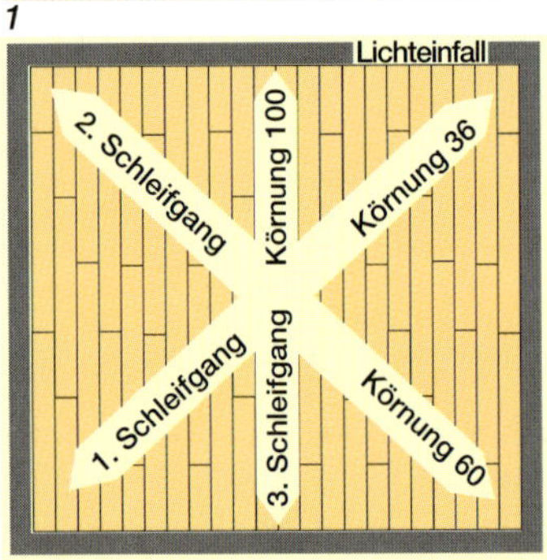

2

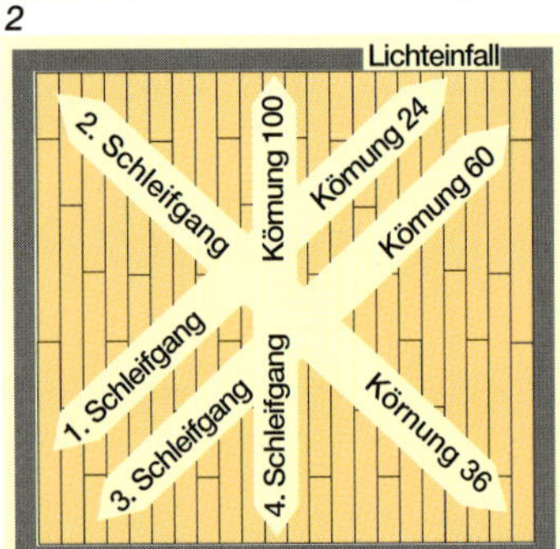

3

Abschleifen von Holzböden

Schleifgang		Boden neu	Boden alt
1. Gang	Körnung	36	24
2. Gang	Körnung	60	36
3. Gang	Körnung	100	60
4. Gang	Körnung	—	100

4

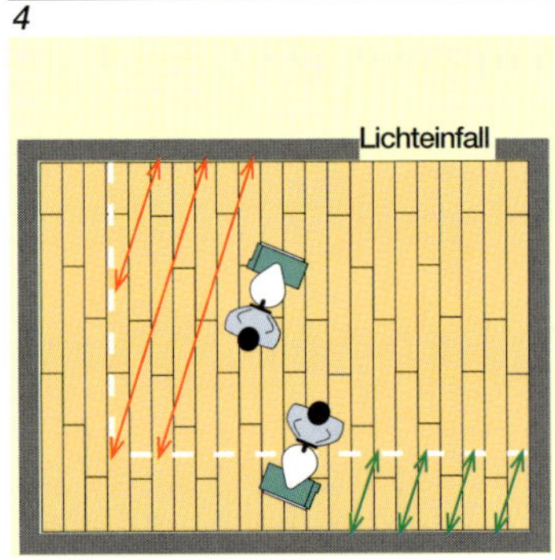

5

6

7

8

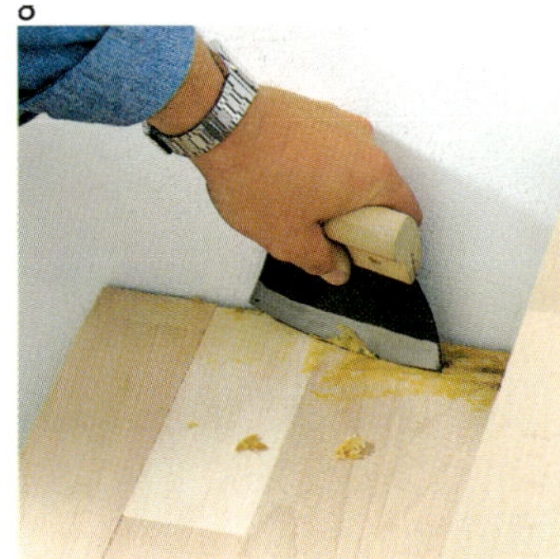

9

Ganz gleich, ob neu oder alt, unversiegelte Holzböden muss man vor der Oberflächenbehandlung schleifen. Dazu sind Parkettschleifmaschinen erforderlich, die man im Werkzeugverleih oder beim Fachhändler mieten kann. Der **Grobschliff** dient der Herstellung einer einheitlich ebenen Oberfläche. Er erfolgt mit einer Walzen- oder Bandschleifmaschine. Auch für **Mittel-** und **Feinschliff** kann man die Walzenschleifmaschine benutzen. Speziell für diese Anwendung gibt es jedoch auch Teller- oder Dreischeibenschleifmaschinen, die bei geringerer Abtragsleitung ein feineres Schleifbild erzeugen.

1 Bei der Führung einer Walzen- oder Bandschleifmaschine ist vor allem wichtig, dass sich die Maschine immer in Bewegung befindet, wenn die Schleifwalze abgesenkt wird und dass Sie umgekehrt die Walze mit dem Handhebel anheben, wenn eine Schleifstrecke zu Ende ist. Wechseln Sie nie abrupt die Richtung und halten Sie immer ein möglichst gleichbleibendes Tempo ein.

2–3 Die Abbildungen demonstrieren die Schleiffolge bei einem neuen (2) und einem alten, stark verschmutzten oder unebenen Parkett (3). Die Anzahl der Schleifgänge hängt vom Zustand des Bodens ab. Man arbeitet möglichst von links nach rechts und beginnt in einer dem Lichteinfall abgewandten Raumecke. Die einzelnen Schleifgänge erfolgen bei Parkettmustern mit rechtwinklig zueinander verlegten Stäben oder Lamellen (z. B. Mosaik- und Fischgrätparkett) grundsätzlich diagonal, das heißt im 45°-Winkel zur Ausrichtung der Stäbe oder Lamellen, wobei der Feinschliff nach Möglichkeit in Richtung des Lichteinfalls vorgenommen werden sollte.

Bei Dielenböden und Holzböden mit gleichgerichteten Stäben oder Lamellen erfolgen die ersten Schleifdurchgänge im Winkel von 7 bis 15°, der letzte Schleifdurchgang parallel zur Verlegerichtung.

4 Die aufeinander folgenden Schleifdurchgänge werden mit immer feineren Schleifmitteln durchgeführt. Welche Körnung für welchen Schleifdurchgang verwendet wird, zeigt die Tabelle.

5 Auf jeder Schleifbahn wird die Maschine vorwärts durch den ganzen Raum geführt und dann ohne Versatz in der gleichen Bahn wieder zurückgezogen. Für die nächste Schleifbahn wird die Maschine dann um etwa eine halbe Walzenbreite versetzt. Da die Maschine geführt werden muss, bleibt bei diesem Vorgehen der Randbereich direkt hinter der Maschine auf einer Breite von etwa 1 m unbehandelt. Dieser Streifen wird dann am Ende des Schleifdurchgangs in gleicher Weise, aber in umgekehrter Richtung geschliffen. Auch hier arbeitet man von links nach rechts.

6 Die Belagsränder, die von einer großen Parkettschleifmaschine nicht erreicht werden, schleift man vor dem Feinschliff getrennt. Am besten geht dies mit einer solchen Rand- und Eckenschleifmaschine.

7 Sie kann mit einem langen Vorsatz ausgerüstet werden, der auch das Schleifen unter Heizkörpern ermöglicht.

8 Auch Treppen werden mit dieser Maschine bearbeitet.

9 Die Bearbeitung von Stellen, die selbst für diese Maschine unzugänglich sind, erfolgt am besten mit einer Ziehklinge.

10

12

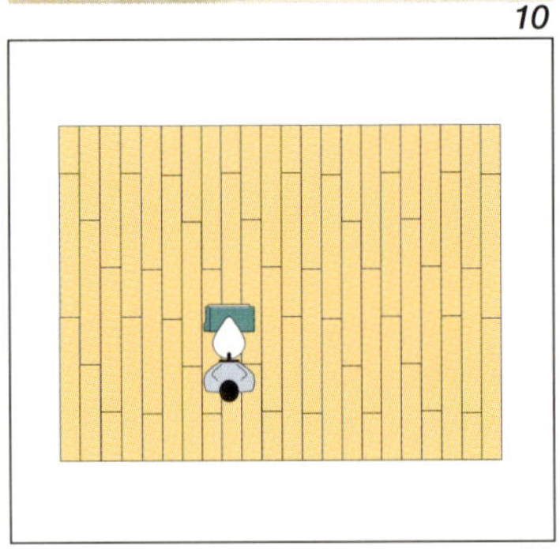

11

13

10 Nach dem Grob- und Mittelschliff zeigt die Oberfläche mitunter Fugen, die mit einer speziellen Fugenkittlösung gefüllt werden können. Dazu mischt man diese mit dem Schleifstaub des letzten Schleifgangs zu einer teigigen, spachtelfähigen Masse. Diese wird nun mit einem Edelstahlspachtel gleichmäßig auf der Bodenfläche verzogen. Größere Fugen spachtelt man am besten ein zweites Mal ab.

11 Nach dem Trocknen der Spachtelmasse erfolgt der abschließende Feinschliff mit 100er Körnung – in Faserrichtung und parallel zum Lichteinfall. Ist der Kitt schwer zu entfernen, setzen Sie nochmal die Mittelschliff-Körnung ein.

12 Gerade für Heimwerker ist als Versiegelungsmittel ein Wasserlack ideal: Er ist leicht zu verarbeiten, schadstoff- und lösemittelarm. Er wird mit einer sattgetränkten Rolle oder Bürste aufgetragen. Beginnen Sie möglichst auf der Seite des Lichteinfalls und arbeiten Sie sich vom Licht weg in etwa 150 cm breiten Streifen voran.

13 Nach dem ersten Lackauftrag stellen sich in der Regel die frisch geschliffenen Holzfasern auf: Die Oberfläche fühlt sich dann rauh an und muss nochmals geschliffen werden. Für diesen Lackzwischenschliff ist die bereits angesprochene Teller- oder Dreischeibenschleifmaschine ideal – auch sie kann gemietet werden. Es geht jedoch auch mit einem Handschwingschleifer (Körnung 120 bis 150). Danach den Boden gründlich absaugen und den zweiten Versiegelungsdurchgang ausführen. Gehen Sie dabei ebenso vor wie beim ersten Durchgang. Bei besonders stark strapazierten Böden können Sie noch ein drittes Mal versiegeln. Bis die Versiegelung ihre endgültige Härte erreicht, vergeht etwa eine Woche, in der man den Belag möglichst schonen und noch nicht mit Teppichen auslegen sollte.